NBA篮球训练法

NBA篮球训练法

NBA
篮球训练法

I want to commend Ron Ekker for the outstanding work that he did as the first Technical Director of the Dongguan Basketball School, the NBA's one and only basketball training academy in the world. The leadership and knowledge displayed by Ron enabled school management and participants the opportunity to learn all aspects of basketball in a very systematic and efficient way. Ron has great experience in basketball at all levels in the United States and since his time in Dongguan, has a unique understanding of coaching in China. I believe that Ron's insight on China basketball will make this book a must read for basketball coaches of all levels.

东莞篮球学校是NBA在全球范围内第一所也是唯一的一所篮球训练中心，Ron Ekker教练在担当此校第一任篮球技术总监期间的杰出工作表现值得赞赏。他的学识和领导能力帮助学校迅速建立起一套系统有效的训练体系。Ron有着非常丰富的执教经验，从高中到NCAA，再到NBA，各个级别球队中都有他留下的执教足迹。而在东莞篮球学校的执教经历使得他对中国青少年篮球训练提出了独到见解。我相信，在Ron的这本书中有许多关于中国篮球的真知灼见，值得所有级别的中国教练们去学习，去借鉴。

Gregory Stolt
NBA国际篮球运营部副总裁

尊敬的Ron Ekker教练：

　　您作为NBA亲善大使，在中国工作期间，无论刮风下雨处处可以见到您在篮球场上的身影，面对那些面孔稚嫩的孩子，不知疲倦地工作，谢谢您对中国篮球的帮助，同时祝愿此书可以让更多的美国朋友进一步了解中国。怀念和您在一起短暂的时光，祝您身体健康，干杯！

远在中国的刘教练
（辽沈名帅刘远静）

超白金版

NBA 篮球训练法

Ron Ekker 著
高博 译

化学工业出版社
·北京·

他是本书的作者，一位在中国执教的美国篮球教练。
他曾执教于达拉斯小牛、克里夫兰骑士、奥兰多魔术等NBA球队。
他了解美国篮球，因为到过中国，所以他也了解中国篮球。
他将40年篮球执教生涯中的收获，结合中国篮球的实际呈现在你面前。
他想帮助每一位想成为"林书豪"的中国篮球明日之星实现梦想。
他想与他的中国篮球教练同行分享自己关于篮球的所有。

图书在版编目（CIP）数据

NBA篮球训练法／[美]艾克（Ekker，R.D.）著；高博译．
北京：化学工业出版社，2013.5（2024.11重印）

ISBN 978-7-122-16978-5

Ⅰ．①N⋯　Ⅱ．①艾⋯　②高⋯　Ⅲ．①篮球运动－运动训练法　Ⅳ．①G841.2

中国版本图书馆CIP数据核字（2013）第076352号

责任编辑：宋　薇　　　　　　装帧设计：IS溢思视觉设计工作室
责任校对：陈　静

出版发行：化学工业出版社（北京市东城区青年湖南街13号　邮政编码100011）
印　　刷：北京云浩印刷有限责任公司
装　　订：三河市振勇印装有限公司
710mm×1000mm　1/16　印张 $14\frac{3}{4}$　彩插2　字数296千字
2024年11月北京第1版第17次印刷

购书咨询：010-64518888
售后服务：010-64518899
网　　址：http://www.cip.com.cn
凡购买本书，如有缺损质量问题，本社销售中心负责调换。

定　　价：48.00元　　　　　　　　　　　　　　　　　版权所有　违者必究

序

PREFACE

　　能在 NBA 全球第一所篮球训练中心——东莞篮球学校结识来自美国 NBA 篮球技术总监 Ron Ekker 教练，并和他共事，对我来说是一种幸运。他对我的帮助很大，这种帮助不是像培训班性质的几天集中式培训，而是差不多一年时间的朝夕相处。开学之初，他用了差不多两个月的时间给学校里的教练们进行培训，详细讲解每一项训练项目和教学方法；而后，Ron 教练提供给我们包含所有训练项目的手册，并制定出每日的训练计划，要求教练们严格执行。他会经常在球场上观察我们的带队训练，并观看我们每一场的校内比赛，从中发现问题，给予及时的反馈和指导。到了学期末，他还会让教练们根据队内的情况来自己制订每日的训练计划并进行指导，同时指导教练们学习如何更好地分析比赛录像、发现问题。正是 Ron 教练建立起来的整套训练和比赛紧密结合的体系，帮助我们这所新学校打下了坚实的基础，一方面激发了小球员们的训练热情，另一方面也加速了教练们的专业成长，以上这套训练比赛体系在 Ron 的这本书中都有详细介绍。

　　在书中 Ron 细致地介绍了一整套的训练项目，我们每天都在实践。就我自己而言，最大的体会是 Ron 针对我们东莞篮球学校学生的技术能力，拟定了一套适合学生篮球技术发展的整体进攻和整体防守计划。通过简单、重复训练这些项目，小球员们逐渐有了整体进攻和整体防守的意识，而这些正是我国青少年球员们所普遍缺乏的。2012 年我带领东莞篮球学校 U15 队参加全国高水平后备人才基地篮球比赛的过程中，对于 Ron 训练体系所产生的深远影响有了更加深刻的认识：我们展示的战术体系完全领先于其他球队，我们的整体防守、整体进攻原则让球员在比赛中充分展示了个人进攻的合理选择，他们在比赛中形成本能的战术跑位、防守轮转、干扰投篮等，比赛中的很多细枝末节都体现出我们是一支训练有素、具备整体打法的青少年队伍。

再来谈谈 Ron 教练，这位老先生年逾古稀，精力却十分旺盛。他对我和其他东莞篮球学校教练的影响不单单体现在球场上的执教层面，更多的、更深入的是他对篮球的执着钻研。他曾经说过：他无法离开篮球超过三天。对于他而言，篮球已经不仅是一份工作，更多的是一项需要终身探究的事业。篮球离不开整体，基础训练的范畴包罗万象，合理、简单、重复训练是 Ron 的执教理念。中国篮球与美国篮球的最大不同在于理念，改变理念的前提是要尝试，只有尝试了才能慢慢感受到进步。最后借此书的发行机会，我想再一次感谢 Ron 教练对我的信任！他对篮球的执着让我感动，与他共事也让我受益终生！

初慧于东莞篮球学校

2013 年 6 月

前言

亲爱的中国教练和篮球界的同行们：

　　我是一名篮球教练，和很多同行一样，因为跻身于教练团体之中，而倍感责任重于泰山。我们在执教中的一言一行会直接或者间接地影响到队员的一生，即便我们并不出自同一种族、不是来自同一个国家，没有秉承一样的信仰，但这些都不妨碍篮球教练这样一个天然同盟军中的成员彼此分享，这也是我这本作品的写作初衷。

　　虽然书中给出的是有关篮球的指导性内容，但与以往读者群的界定方式完全不同，无论是球员、官员还是媒介宣传人员，甚至望子成龙、盼女成凤的家长们都是我们的倾诉对象，成为我们倾吐对象的前提只有一个：就是你爱篮球、关注篮球运动。书中我与大家分享了自己在中国执教期间的工作经历，在与众多篮球教练同行交流过后，我们达成了共识：一个篮球运动员之所以优秀，不仅仅靠一己之力，在他（她）背后必然有着由教练、家庭、官方、媒介共同组成的强大支撑团队。

　　我是一名篮球教练，不是一名职业作家，因此书中表述有不尽如人意的地方，请予以谅解。因为我所专注的不是表达形式上的辞藻艺术，而是竭尽全力以求达到内容上的完美，准确，清晰和真实。在书中我以书信的形式记叙了要表述的所有，不是客套的电邮，也不是教条的课文，而是一封纯粹得像家书一样的私人信件，把我所想、所知、所能的一切有关篮球的东西讲给你听。

　　篮球技巧的传授是手把手的传承，在教授与研习的过程中需要思想火花的碰撞和相互沟通的交流，在篮球的学习过程中没有捷径可寻，每一步的教与学都要遵循严谨的步骤，只有这样学习者才能走出正确的轨迹。

　　在这里想跟大家聊聊中国式的篮球教学方法。我是

个生活在距中国12个时区开外的美国人，怎么就会轮到我来谈论这个问题呢？答案揭晓：我是受NBA派遣在中国执教的篮球教练，在华工作的一年里我跟中国篮球教练、球员朝夕相处，这段难忘的时光留给我的不仅仅是彼此间的深厚友谊，还有我对生活在这个东方国度里篮球人的深入了解。

良药苦口利于病，忠言逆耳利于行，就像妈妈总会在耳边数落着孩子的种种不是一般，我对中国篮球教学有话说是因为我从中看到了一些问题。要想解决这些问题，首先就是要去诚实地面对。中国球员远没有取得他们本应取得的成就。中国式的篮球教学需要改进，中国球员并不是不优秀，但是他们落后于其他国家球员不是一星半点，我想这些都是事出有因的。

篮球运动的国际化是有目共睹的，由此也推动了各国篮球运动员的世界性流通。据欧洲篮球网站(Eurobasket website)上的统计，在过去的5年中有6717名美国球员在家门以外打球，同时也有3428名非美国本土球员效力于NBA和美国的大学球队。在这近3500名外国球员中，中国球员仅占有6个席位，而姚明则是这微乎其微数字中唯一的佼佼者。人们不禁会问：这是怎么回事儿？中国的篮球怎么了？中国的球员怎么了？

出现如此窘况，是中国球员自身原因造成的吗？是因为他们身体素质不够好？是因为他们不够聪明？是因为他们不够勤奋？还是因为他们训练不够刻苦？以我多年来在美国从青年队到专业队的执教经验，以及中国执教期间所听、所看和所想的一切来审视和判断的话，我认为中国的这些喜爱篮球、练习篮球的孩子们无论是在身体条件方面还是在刻苦学习的钻劲上都不输给同龄的美国孩子，而且我能切实体会到这些勤勉的中国孩子更渴望成功。

出现如此悬殊境遇的关键是，中国孩子和美国孩子在接受篮球训练时所采用的方法存在巨大差异。作为一名来自美国的篮球教练，我看到了中国式篮球训练方法中存在的缺憾；作为一名诚实的篮球教练，我必须直言不讳地指出，中国式的篮球训练方法需要改进；作为一名曾经在华执教的篮球教练，我希望所有中国的篮球练习者能得到最为有效的指导，因为他们真的需要。

教练、球员、官员、媒体、球迷粉丝、家长只有齐心协力才能真正改变中国篮球的现状。虽然我是中国篮球圈的局外人，但是因为曾经来到中国，接触了、认识了、了解了这些渴望成功的、热爱篮球的人们，所以我觉得自己有责任帮他们实现篮球梦想。这也是我打算写一本中国篮球训练方法指导书的初衷。

我在华执教期间的翻译Jon是个学美国文学的中国人，我们搭档之初，他对篮球知之甚少，但是勤能补拙，即便是对于我所专注的、比较高阶的篮球理论他也进行了非常刻苦的研读。为了尽快磨合，我给了他一本自己早些年总结的、指导教练和球员的小册子，在这里面详尽记录了我对于篮球教学的所有。可以说，在这本小册子的帮助下他很快上手了，我们之间也形成了流畅的默契配合。

在我们合作半年后的一天，他跟我说：你为什么不写一本书呢？把你给我的小册子翻成中文，这种十分有针对性的篮球指导书在中国很少见，有了这样一本书，中国的篮球教练即便没有到NBA接受培训，也能学习到先进的教学方法。正是他的这番话，在我心里种下了打算写书的种子。

我一直希望中国其他地区的篮球教练们能有机会去体验东莞篮球学校教练们目前所经历的一切。在这所学校里，我和这些中国教练每日朝夕相处，一起工作，并对他们进行专业培训，这个过程持续10个月之久。这跟其他训练营又或是培训

班之类的短期项目是完全不同的。Jon 的建议很合理，如果我写一本篮球训练方面的书，并配套相应的演示视频，这样就可以让更多的中国教练从中获益。

在这个国家不同地区建立起多个像东莞篮球学校如此规模的学校是需要非常大的资金投入的。然而，通过一本精心编排的、手把手地指导篮球训练的书和 DVD 来非常详细地介绍已经在这所学校获得成功的训练方法，将会让渴望学习的教练和球员们获益。

东莞新世纪集团董事长梁先生所投资建立的这所篮球学校意义非凡，它可以帮助中国的篮球青少年们去接触更先进的训练体系。然而，毕竟一所学校的规模是有限的，相比较中国这么多从事篮球运动的青少年球员来说，只能让很少数的一部分球员获益。我想让更多的人接触到这种高阶的篮球训练方法并从中获益，所以用心地来写一本介绍这种新训练方法的指导手册将会有所帮助。

在本书中我将以章节为单位，一步一步地来解释这种新的篮球训练体系，以便教练和感兴趣的读者能很好地理解。第一部分，先不谈具体的训练方法，而是来关注整个训练体系背后的理论基础。这一部分包含五个章节，章节间有着逻辑上的关系，一步一步地解释了 Monk 体系的建立依据（译者注：Monk 体系就是作者前面提到的、新训练体系的代号）。这部分内容读起来可能有些艰涩，但相信读者在用心读完后都会对篮球有全新的体验。

第二部分是一份详尽的 Monk 体系教学指导手册。读者们将会充分体会到 Monk 体系是一个完整体系，我们会一步一步地来对其进行详尽阐述。就如同厨师烹饪时遵循食谱一般，教练们可以很方便地遵循书中的顺序去学习和使用此体系。

接下来便是个体教练的责任了，那些敢于冒险把它付诸实践的教练们会发现，这会真真切切的改变他们及他们球员的一生。如果我们一起努力，教练就不会感觉在孤军奋战。他所接触的每一个人不仅是他的伙伴同盟，他们还会尽其所能理解支持他的一切行为。这就是像家庭、像兄弟会一样的团队所应做的，这就是"我们在我"（the we in me）①。

谨启

Ekker 教练

① 此句引自美国著名作家卡森·麦卡勒斯（Carson McCullers, 1917-1967）。

目录

▶ 第1部分 /1

第1章 中国式的篮球训练 /3
1. 毛泽东时代 /4
2. 现代中国篮球 /5
3. 出国打球人少的问题 /6
4. 中国目前的篮球训练方法 /8
5. 美国的篮球训练方法介绍 /10

小结 /12

第2章 东莞篮球学校 /15
1. 训练 /17
2. 教练团队 /17
3. 组织安排 /18
4. 比赛 /19
5. 专门成立的球队 /20
6. 球员的反馈信息 /21

第3章 Monk体系的科学性 /25
1. 投篮命中率因素 /27
2. 受干扰的投篮和未受干扰的投篮 /28
3. 球权效率评估 /30
4. 正性和负性球权数目 /31
5. 间隙期(SPACES), 乱战期(SCRAMBLE) 和即兴发挥(IMPROVISATION) /32

小结 /35

第4章　训练体系的重要性　/37

1. 你是否拥有一个训练体系？　/38
2. 训练体系清单　/39

第5章　Monk体系　/43

▶ 第2部分　　/47

第6章　Monk体系的历史渊源　/49

1. 引言　/50
2. Monk进攻和Monk体系的区别　/51
3. Monk名字的由来　/52
4. Monk体系下的球队整体防守　/52

第7章　教练即老师　/55

1. "篮球运动员靠的是本能，而不是头脑"　/56
(BASKETBALL PLAYERS PLAY WITH THEIR SPINAL CORD NOT THEIR BRAIN)　/56
2. "教练们执教球队时最需要关注的地方不在于你如何教，而在于球员们如何学"。(IT ISN'T HOW YOU TEACH; IT IS HOW THE PLAYERS LEARN.)　/57
3. 重复　/57
4. 简单化　/57
5. 耐心　/58
6. 体验　/58
7. 纠正　/58
8. 激励　/59

9. 要求　　/59
    10. 纪律　　/59

第8章　专有术语　/61

    1. 乱战期(SCRAMBLE)　/62
    2. 间隙期(SPACES)　/62
    3. 习得性表现(LEARNED PERFORMANCE)　/63
    4. 本能表现(INSTINCTIVE PERFORMANCE)　/63
    5. 原则框架下的进攻(RULE OFFENSE)　/64
    6. 原则框架下的防守(RULE DEFENSE)　/64
    7. Monk 进攻　/64
    8. 固定战术(SETS)　/65
    9. 花样变化(STUNTS)　/65
    10. 战术失败(PLAY BREAKDOWN)　/65
    11. 快攻没打成转换成阵地进攻阶段(TRANSITION)　/66
    12. 未打任何进攻战术(NO-PLAY)　/66

第9章　Monk进攻　/67

第10章　Monk进攻原则　/71

    1. 无球进攻队员(AWAY FROM THE BALL)　/72
    2. 持球进攻队员(WITH THE BALL)　/72
    3. 所有进攻球员都要遵守的一般原则(GENERAL RULES)　/72
    4. 进攻球员不假思索就要做的，也是必须做的
    (AUTOMATICS，MUST DO)　/73
    5. 进攻球员不能做的（禁止做的）(CAN'T DO)　/73
    6. 解读Monk进攻原则　/73

第11章　Monk进攻的教学理念　/79

第12章　Monk进攻教学　/83

第13章　Monk进攻的球队练习　/89
　　1. 项目　/90
　　2. 3打3 练习　/90
　　3. 4打4 练习　/92
　　4. 5打5 练习　/94
　　5. 半场接全场的Monk练习　/95

第14章　Monk进攻的技术练习　/99
　　1. 项目　/100
　　2. Monk 空切　/101
　　3. 弱侧掩护空切　/104
　　4. 下掩护空切　/106
　　5. 劈切　/108
　　6. 背掩护空切　/110
　　7. 底线掩护空切　/112

第15章　Monk进攻的个人进攻技巧　/115
　　1. 投篮机会选择　/116
　　2. 传球　/116
　　3. 空切　/117
　　4. 突破　/117
　　5. 做掩护和利用掩护摆脱防守　/118
　　6. 抢进攻篮板球　/118
　　7. 投篮　/119

第16章　半场阵地进攻战术：空切　/121
　　1. 空切战术　/122

2. 空切战术的教学要点 /125

   3. 空切战术2 /126

   4. 空切2战术的教学要点 /130

   5. 自动进攻战术 /131

   6. 自动进攻的多种变化 /133

   7. 自动进攻战术的教学要点 /134

   8. 关于固定的半场阵地进攻战术的其他想法 /134

第17章　快攻和Monk进攻　/137

   1. 快攻原则 /139

第18章　攻击区域防守的进攻打法　/143

   1. 攻击联防的Monk进攻 /145

   2. 漏洞区域：突破、空切和传球 /146

   3. 耐心 /147

   4. 投篮机会选择 /148

   5. 前场篮板 /148

   6. 从快攻到阵地进攻的过渡阶段 /149

第19章　防守　/151

   1. 防守的三个基本要素 /152

第20章　球线防守　/155

第21章　球线防守原则　/157

   1. 基本原则 /158

   2. 低位防守的原则 /158

   3. 防突破的原则 /158

   4. 防守有球掩护的原则 /159

5. 防守无球掩护的原则 /159

6. 全场防守的原则 /159

7. 对球线原则的解释 /160

第22章　球线防守的教学理念　/167

1. 教学指南 /168

2. 球线防守的练习项目 /168

第23章　一些关于球线防守的额外想法　/181

第24章　带摇摆人的区域防守(ROVER ZONE DEFENSE)　/183

1. 摇摆人的职责 /184

2. 一般原则和一些微调 /185

3. 联防的位置和相应的调整 /185

第25章　设计训练计划　/189

第26章　前12周的训练计划　/193

1. Monk体系前12天的每日训练计划 /195

第27章　Monk体系训练项目手册　/205

Ron 和他的 Basketball Talk Pro　/207

后记　/215

致谢　/217

附录　学生调查问卷结果　/220

第1部分

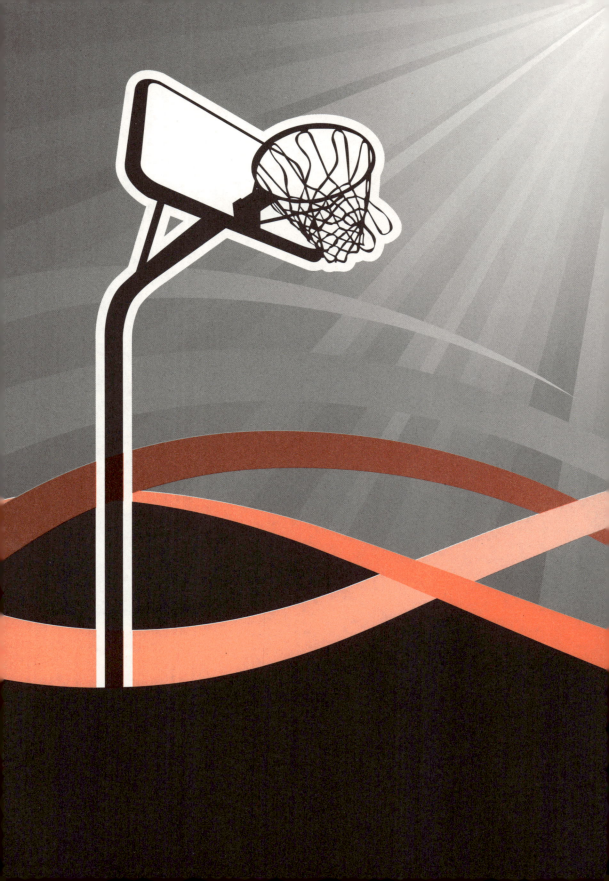

第1章

中国式的篮球训练

中国篮球可谓历史悠久，1895年，也就是詹姆斯·奈史密斯博士在美国马萨诸塞州，斯普林菲尔德，基督教青年会发明篮球运动之后的第4个年头，这项运动就被引入到了中国。基督教青年会是国际性的训练学校，专门用以培养年轻传教士，再将这些年轻的传教士派去其他国家建立新的青年会组织，扩大理念传播范围。中国是第一批成立基督教青年会组织的国家之一，篮球运动也随即早早在中国安家落户。

1900~1927年间，中国篮球运动的发展势头异常迅猛，国内各地的基督教青年会组织非常热心地组织了许多全国性和地方性的篮球比赛。国人也很喜欢这项外来运动，很快在全国各大城市中风靡起来。1927年前后，国内政局动荡，基督教青年会全面缩减自身的推广活动，最终这样的影响也波及到了他们所开展的篮球相关活动。但篮球运动已经扎根，1936年，中国第一次组建了球队参加当年的奥运会篮球比赛。篮球运动的蓬勃发展一直持续到毛泽东时代和后来的文化大革命时期。

1. 毛泽东时代

毛泽东时代对现代中国篮球的发展有着非常深远的影响。毛泽东执政时期，中国政府对差不多所有的西方文艺和运动项目都持抵制态度，但就毛泽东个人而言却对篮球情有独钟，他认为此项运动非常有益于人民。因此经他倡导篮球运动在中国军队中被大力推广开来。事实上，毛泽东可以像他抵制棒球那样抵制篮球，但他对篮球的喜爱使篮球运动在国内的发展避免了和棒球一样的"凄惨命运"。

毛泽东时代在中国篮球发展史上起着举足轻重作用的另一原因就是：现存的很多训练方法都起源于那个时代。毛泽东很推崇斯大林的一些做法，苏联体育执行的是政府主导的高度计划体制，篮球这个世界性的运动项目也不例外。苏联的青少年，尤其是那些被医学预测能长成大个子的青少年，很早就被发掘出来，送至政府主办的体育学校接受训练。这些学校更为强调球员的身体训练和个人技巧训练，训练过程也非常严格。中国基于毛泽东时代同苏联的紧密联系，也采用了同样的体育训练模式。时至今日，我们仍能从中国篮球的日常训练中大量看到当时所使用训练模式的影子。

我在克利夫兰骑士队担任助教时，曾和来自立陶宛的NBA球员扎诸纳斯·伊尔戈斯卡斯共事过，他当时是骑士队的中锋。他同我分享过他从小在立陶宛接受的苏联式的训练经历。小时候接受了测试显示他会长得很高，所以他被选派到了一所专门的篮球学校接受训练。不负众望，他最终长到7英尺3英寸（相当于2.21米）。在一个NBA休赛期的整个夏季里，我帮助他进行每日的训练，整整持续了三个月。在此过程中，我见识到了苏联式训练模式的种种特征，因为伊尔戈斯卡斯就是典型的苏联式训练培养出的球员。在我来华担任技术总监之初，曾经推测中国的篮球训练应该与苏联式的训练有类似之处。

中国也发展出来和苏联一样的高度计划性和组织性的体育模式。一个典型特征就是它会通过早期的骨龄测试来寻找预期高大的球员。同时，和苏联一样，中国也成立了大量的政府主导的、专门的体育学校来培养运动员。

姚明就是一个典型的例子。因为父母都很高大，他也理所当然地被预期会长到很高。姚明9岁时进入体校启蒙训练，13岁时进入职业队接受更为专业的篮球训练，一天要训练4次，他每天的4次训练要从早上6:30开始，直到晚上8:30才结束。这与伊尔克斯卡斯告诉我的训练经历颇为相似。

这种体校的训练模式确实在某些运动项目上能够帮助运动员取得很好的成绩，特别是一些个人性的运动项目，如体操、网球、长跑、乒乓球、游泳、羽毛球和跳水等。但它对团体运动项目的帮助不大。因为团体项目需要很多运动员之间的合作，比如篮球就要求5个运动员同场协同竞技，这种团队作战项目需要同个人项目不一样的训练理念和训练方法。

2. 现代中国篮球

中国球迷一直都很热爱篮球，也会积极参与到大大小小的篮球比赛中。当电视转播把NBA比赛带到了中国之后，中国球迷随即为NBA璀璨云集的球星所兴奋沸腾，同样，NBA也意识到了中国是其商业利润扩张的潜在市场。20世纪90年代，中国球迷每年都能收看到一定数量的NBA球赛。

而姚明在 NBA 立足让更多的中国球迷更加关注 NBA，也给 NBA 方面带来了巨大的商业利益。

NBA 估计中国打篮球的人数约为 1.25 亿，这几乎相当于整个美国的总人口数。中国的孩子们梦想着自己有朝一日能够像他们在电视机上看到的 NBA 球星一样打球。但遗憾的是，至今还没有中国的年轻球员能达到如此高度。这个国家的人民如此热爱篮球，又有这么多打球的孩子，为什么无法涌现出大量的国际级球星呢？

"欧洲篮球"是一家全球性的篮球网站，它关注并追踪世界范围内的篮球事件，从它提供的一些数据中我们可以观察到中国篮球在世界篮坛的窘境。在过去的五年里，共有 3428 名国际球员效力于美国的大学联赛或 NBA，这其中只有 6 位球员来自中国。相比之下，其他国家的这个数字分别为：英国 104 人、希腊 66 人、法国 58 人、多米尼加共和国 29 人、日本 15 人、印度 8 人。这些国家的人口规模都比中国小，却能贡献比中国多的国际球员，这到底是为什么？

本章的目的就是给读者提供以上问题的答案。中国拥有非常多的、有天赋、有潜力的运动员，他们也非常渴望能够去挑战更高水平的比赛。结果却是相比较其他国家的球员，只有极其有限的中国球员能够接近国际水平。来自"欧洲篮球"网站的数据直观地将这个问题呈现在我们面前。

3. 出国打球人少的问题

关于制约中国球员出国打球的问题，需要考虑一些非篮球方面的因素。中国政府背景下的篮球管理机构并不是十分支持球员出国打球。当然这种做法无可厚非，但它在一定程度上制约了中国优秀球员的发展，使他们无法参与到国外更高水平的篮球比赛中。这体现在两个方面：

（1）中国篮球管理机构尤其看重中国国家队的比赛表现，强调运动员要为国争光。他们希望球员们都优先为国效力，这有时会给身处国外联赛的中国球员带来麻烦，譬如在 NBA 效力的中国球员。因为，基于国家队的比赛任务，这些球员需要跟所效力的球队进行很多协商，以便暂时离队去代表国家队比赛。

（2）中国球员在签署了合同去国外打球后，他合同收入的一部分需要上交给中国的篮球管理部门。原因是既然是国家出资培养了球员，球员就有义务回报国家。这部分上缴的比例可能高达50%。这是一笔相当大的支出，尤其是当中国球员到NBA效力时。所以，这种做法在一定程度上也削弱了球员出国打球的积极性。

尽管有上述两种制约因素影响，但我个人认为这些原因都不是最关键的。如果中国球员实力很强大，其他国家的篮球俱乐部尤其是NBA对他们趋之若鹜，他们又怎么会不动心？不接受顶级赛事的邀请呢？所以，核心问题还是中国球员的竞争力不足。这里，我指的是职业篮球运动领域，但这种竞争力不足的问题可以探讨得更深一点。非职业球员如高中球员或大学球员的领域也存在同样的问题。中国球员如果有足够的时间在篮球水平发展更高的国家里接受更为先进的训练、参与更多高水平的比赛，他们的未来将无可限量。

林书豪的出现就是一个典型的例子。他是华裔，但他经历的不是中国式的篮球培养，而是在美国本土接受美国式的专业篮球训练。如果林书豪从小一直在中国打球，他是否还能出现在NBA赛场上呢？考虑到他早期一般的身体条件，在中国，恐怕很难从大批出色的同龄人中脱颖而出，最终很可能都难以进入CBA或者最好的大学球队，更不用说能像现在一样获得有如此多的关注了。

林书豪的出现是偶然中的必然，其实，中国的许多球员都有类似"中国林书豪"的经历。这正是目前中国篮球的困境，如此多的球员渴望变得更好，却没有机会。传统的篮球训练手段无法让他们具备更高的竞争力，从而因此陷入困境。

将年轻的球员送至美国打球对他们会有帮助，但这种做法并不能解决中国篮球目前的主要问题。中国需要打造出自己的、更好的篮球训练环境。在这个环境中，中国本土教练们能得到很好的发展，从而可以源源不断地培养出中国的优秀球员。

我们有必要来仔细审视中美两国的篮球训练方法。我之所以用美国篮球训练作为标杆，因为就目前来说，美国还统治着世界篮坛。这种局面可能不会持续很久，但仅就现阶段而言，美式的训练手段培养出了大批杰出的篮球运动员：乔丹、伯德、约翰逊、詹姆斯、杜兰特……试想地球上还有哪个国家培养出过如此多、如此伟大的球员？无论在高中级别的赛事、大学级别的赛事、职业联赛还是奥运会篮球比赛中，美式训练培养的球员们都有着杰出的表现。什么才是中式篮球训练的出路？借用中国的一句古话来形容最为贴切：见贤思齐。

4. 中国目前的篮球训练方法

即便是姚明这样的大个子，在开始NBA征程时也不是一帆风顺的。所有的外籍球员初来NBA时都需要根据新东家的需要不断调整自己以适应，但是姚明的调整幅度相比于其他同期进入NBA的外籍球员来讲是最大的。若姚明能在低位接到队员传球，则应对起来就非常自如，这主要得益于他的身高和投篮技术。但是如果不是在低位接到传球，他就会表现得比较吃力。姚明所接受的、长期的中国式篮球训练让他在球场上表现得有些呆板，出现未知情况时，通常无法及时做出本能调整。究其原因在于他之前并未接受过这方面的训练。中国式篮球训练方法强调球员在训练中学习，而忽视了让球员在比赛里学会如何打比赛。正因为如此，NBA的比赛节奏对于姚明来讲太快了，在球场上，美国球员通常是靠本能打球，而他则要先思考才能行动。

姚明是个非常棒的运动员，但是他所接受的中国式训练方法限制住了他的发挥。优越的身体条件成就了他，但是早期训练方式的局限有可能成为他无法变得更卓越的最大障碍，就像之前来到NBA的中国球员一样。

当我成为东莞篮球学校的技术总监时，我观看了大量的CBA篮球比赛录像，我没有去关注此联赛中美国球员的表现，而是把精力全部集中在中国球员身上。这其中就包括一些中国国家队的球员，我想通过看比赛的方式来了解他们实战能力以及他们的日常训练方法。以我多年的经验来说，通过观看训练来评估球员能力，这种做法能得到的有用信息是很少的。我更关注他们在大量比赛中的实际表现。从比赛中获取更多信息、发现更多问题，只有这样才能让我找到在东莞篮球学校寻求训练方法的突破口。

在观看中国球员的比赛中我发现他们在球场上表现得过于刻板且缺乏

想象力。球场上的情况是瞬息万变的，而中国球员总是表现得按部就班，不会根据场上变化即兴发挥。而且他们打球时也缺乏激情和韧性。尤其是当场上情形与训练中的情形大相径庭时，球员们便会在慌乱之下莽撞行事。逐本溯源可以发现，如此表现的原因在于他们根本没有学会如何在一个团体比赛项目中进行整体进攻或整体防守。

来到中国之后，我尽可能多地去观摩中国的篮球训练课。在我到中国的第二个月，我们学校在中国的五个城市举办了篮球选秀营，我参与到其中并认真观察各地球员的训练。除了这种选秀营的形式，我和我的助手们还深入到周边的学校、俱乐部等与其中的球员进行交流。在这样的环境熟悉过程中我看到了中国的篮球教练和他们所执教的球队。就我的观察而言，所有球队的训练内容和训练前的热身准备几乎都是一个模子刻出来的。

中国式训练的主体就是大量的练习项目，然而如此大量的练习项目却同球队的整体进攻和整体防守没什么联系。这些练习项目从任何的篮球培训或书籍上都可以获得。我经常会坐在场边问自己：这些训练项目的目的究竟是什么？他们花费了大量的时间去完善一些和比赛毫无关系的东西。在比赛场上根本就用不到。更加令我困惑的是，我从没见他们练习整体的进攻或者防守，他们也很少安排一些训练比赛。

练习项目都是非常简单的，我看到很多球队都会花上 30 ～ 45 分钟的时间来围绕着球场上放置的雪糕筒练习运球。这是十二三岁的小孩们学习篮球时常做的事儿，而不是高中或者职业球员应该做的。余下的中国式的练习项目大同小异，万变不离其宗的是重点突出个人技巧的训练而不是强调如何来完善球员的团队合作能力。

从大量观察中我得出的另一个结论是，所有的教练几乎都采用同一种方法编排训练。即便是偶有例外，教练们也很少投入足够的训练热情。通常都是球员在练，教练在看，很少会给球员及时地纠正。甚至我还观察到有些教练会中途离开训练场或者训练中接打手机。对此，我的第一反应就是这与美国式的训练方法有太大的差别了，球员和教练训练的专注度都太低了。

中国的篮球训练通常都缺乏一个整体的训练体系，没有体系也没有计划的训练通常都是很随意进行的，各个训练项目之间也没有什么联系性。训练内容与比赛场景是完全脱离的，这样一种在中国篮球训练中普遍存在的现象让我不禁想到，教练们似乎更加关注于让球员的练习项目更加好看，而不在意球员真正学到了什么。

在中国生活和执教的一年中，我还有很多所见所闻。中国的篮球运动员缺乏足够的比赛经验，训练中教练们更喜欢安排个人技术方面的训练，而不是比赛实战性训练。在其他一些个人比赛项目中，这样的训练安排会有好的成效，但是对于篮球这种团队运动项目来说，并不适用。因为球员不单单需要通过打比赛来积累经验，应对赛场上变幻莫测的局面；更重要的是，许多对球员来说必须具备的球场技巧是无法单靠训练来习得的，唯有通过不断地比赛才能完善这些技巧。中国式的篮球训练方法忽视这一方面，这对球员的发展是不利的。

5. 美国的篮球训练方法介绍

斯蒂芬·马布里是一位前 NBA 球星，目前效力中国的职业篮球联赛（CBA），他一直接受的都是美国式的篮球训练体系，这同他的中国队友的训练方式有很大的不同。他年幼时就开始打球了，但并不是在专门的学校中学习打球。大部分的时间都是在纽约市的街头球场上，在那里，比赛是非常非常激烈的，如果你实力不够，你压根就无法待在场上。马布里就在那里日复一日地打球、比赛，积累了大量的实战经验。这些比赛中是没有裁判和教练的，也没有特定的战术要求。大家在场上可以天马行空地即兴发挥，尝试各种进攻技巧，不必受各种条条框框的限制。

到了中学和高中阶段，马布里开始在学校里接受教练的指导，学习一些团队配合的打法。这时候，每个球队的教练都有自己明确的进攻和防守打法。球员们通过练习特定训练项目来发展和完善自己的球场技术，这些技术都能在比赛中派上用场。

这个年龄段的球员将开始参加全国的业余体育联盟（AAU）的比赛。大多数 AAU 的球队在整个夏天会打不少于 60 场比赛，再加上他们高中自己的 25 到 30 场比赛，这样一年下来他们会打接近 100 场比赛，这些比赛很好地帮助他们来提高自己。而且，除了这些正规的比赛之外，他们还有非常多的机会参加一些街头比赛或者临时性的非正规比赛。

水平高的球员会继续升入大学打球，在那里，他们会接受更系统的篮球训练，接触更复杂的球队战术。大学比赛的一个赛季包括30多场比赛，比赛时压力非常大，竞争异常激烈。球员们在如此高度竞争的比赛环境中不断成长，经过大学比赛历练后，为以后打NBA比赛或者去国外篮球比赛联盟发展打下来坚实的基础。四年大学下来，球员们接受了上千次的资深教练的专业篮球训练，也经历了上百次的硬仗。他们已经准备好了。

典型的美式训练一般都是一天练一次，每次持续两小时左右。训练中安排的练习项目，无论进攻类的还是防守类的，都是和比赛情境直接相关。训练中也会安排一些半场或全场的模拟对抗比赛。在赛季的开始阶段会安排体能训练，但通常不会持续整个赛季，因为在赛季后期，球员已经很疲劳了。相比之下，中国的篮球训练安排强调一日多练，每次训练都拖得时间很久，训练内容枯燥且目的性不明确。

✳✳✳✳✳✳✳✳✳✳✳✳✳✳✳✳✳✳✳✳✳✳

　　本章详尽比较中美两种不同的篮球训练方法是为了去学习而不是使大家丧失信心。不要想当然的把这些观察结果加以个人主观观点，因为它并不适用于所有人。我们希望提升中国篮球的水平，所以我们要以好的为标杆。中国也有很多年轻人拥有和乔丹、伯德、勒布朗·詹姆斯类似的天赋，但中国需要改变目前的篮球环境来让这些年轻人参与到这项运动中来，发掘他们的潜力。我们走在正确的路上，每个参与人员都应该从自己的灵魂深处出发，发掘自己关于恪守承诺的美德，这是因为改变是十分困难的。

　　我所要谈论的问题就是训练方法的改变。首先，这是有风险的。当你选择去做一些不同于其他人所做的事情时就是有风险的。当你做着别人都在做的事情时，即使失败了，你也可以避免承担个人责任。或许会因其他方面的问题而被责备，但至少不会是方法上的问题。当你选择不同的方法时，你就要承担起灾难性的后果和责任。这也是教练们必须要做的选择，但不一定是孤军奋战的。如果我们团结合作，所有人带着同样的信念去帮助中国球员提升到必要的高度，那么这种风险就是值得的。请记住，在我们的职业领域里，球员是主角，应被优先考虑到，而并非我们这些教练。

小结

一位无名中国哲人说过一句美妙的格言，我想在此用来提醒教练们："初学者的思维充满可能性，而专家的思维则极为局限。(To the beginner the possibilities are endless; to the Master there is only a few.)"这句话道出了简单的重要和妙处，同时也指导我们要避免纠缠在一些不必要的事情，仅去做必要的事情来达到既定目标。篮球训练也是如此，高质量的篮球训练必须删掉那些只是看起来好看却在比赛中毫无用处的练习项目，而是将注意力放在那些真正能够帮助我们实现目标的训练方法和训练项目上。

本章中对比中美两地的训练方法给出了下面这三点结论，当然还有其他的一些区别，但我们专注于从这三方面入手，就可以提升中国篮球的训练水平。

（1）中国教练需要改变训练中使用的训练项目和训练前的准备工作。训练要和比赛场景结合得更紧密一些。许多跟比赛没什么关系的练习项目都应当删除，补充一些球员真正能在比赛中使用的训练项目。教练员需要花心思来琢磨这些训练项目。同时，在训练过程中，教练员要全身心地投入其中，运用多种教学原则来帮助球员提高。将无效的训练内容删掉，再将训练安排得更紧凑一些，这样就可以减少每天训练的次数和每次练习的时间。

（2）无论训练中还是比赛中，教练都应当鼓励球员在既定的原则下去自由发挥。这种自由发挥并不是由着球员胡乱打,而是让球员在遵循一些原则下有目地自由发挥。教练员应当有意识地设计训练项目来培养球员本能打球的习惯,因为若是球员总是边打边想,这种习惯会让他无法胜任更高水平的比赛。

（3）训练体系中应当包含正规的比赛和非正规的比赛。相比较而言,美国球员的职业生涯中打比赛的数目会远远超过中国球员的比赛,所以中国球员需要更多的比赛机会。这需要教练员、媒体、官员的共同努力来促成。

在本书后面部分中,我会给出上面提出的三点改变的具体做法。我在前言中已经提到,中国篮球水平的提高需要很多人的共同努力,这个目标是可以实现的。在下一章中,你将会看到,在东莞篮球学校,这种新式的篮球训练方法已经在改变着中国的教练和球员了。

第2章

东莞篮球学校

2010年末、2011年初，东莞新世纪集团董事长梁先生和美国职业篮球联盟（NBA）总裁大卫·斯特恩先生之间达成了一项对于中国篮球来说具有划时代意义的协议。协议中约定将合作建立一所专门的篮校学校。这所学校会严格执行美国篮球训练的标准，以全新的训练方法来培养中国的教练和球员。梁先生承诺建立的这所学校将包含8块标准室内篮球场、力量房和一些教室来满足学员们的日常训练和学习需要。除了一应俱全的训练场地、设备外，学校还包括有全方位的生活辅助设施，包括一栋9层学生公寓楼。NBA方面则将设计出运营手册和培训指南来合理地使用上述设施。最最重要的是为了协助这所学校建立完善的篮球训练体系并有效实行监督训练机制，NBA特别指派了一位技术总监来华执教，这个人就是我（其实我不太喜欢这个听起来很别扭的、技术总监的头衔，但它很符合中国的文化习惯）。

这所学校是本书内容的一个不可或缺的部分，它体现出来的是中美篮球文化间的成功融合。最终有14名中国教练和87名中国球员参与到这个全新的篮球训练体系教学过程之中。此体系中所应用的训练方法与中国之前所用的篮球训练方法截然不同。毫无疑问，很多人对于这个全新体系存在担心和忧虑：人们不禁会问，新的训练理念能否发挥作用？教练们能否接受？而且，球员们是否能用其相应的进步程度来验证这个学校和它的训练理念呢？

我用了两个月的时间来培训教练们学习新的训练体系。整个培训过程包含课堂授课环节和球场演示环节。培训内容涉及到教学方法、整体进攻、整体防守、训练项目介绍和制订训练计划。整个培训过程强度很大，时间也很长，但效果很好。教练们都非常努力，学得也很快，从中我能感受到他们渴望成功的迫切心情。

2011年9月5日，东莞篮球学校迎来了第一批学员，经过一周对球员的评估和分组，训练正式拉开了帷幕。

1.训练

中国式的训练方法在我看来是很艰苦的：每天训练3～4次，年复一年周而复始。训练里包含着长时间的跑动项目，而且往往一个训练项目持续的时间也很长。这些训练项目大多以基本功训练为主，与球队整体进攻体系间或防守体系间是没有丝毫联系的。整个训练几乎没有安排任何整体进攻或防守方面的训练项目，同时球员们也很少有机会打比赛。

　　东莞篮球学校所采用的训练方式与传统的中国式篮球训练截然不同，每天仅仅训练 1 小时 50 分钟，训练项目设置以球队进攻和防守为主，强调全队配合的整体攻防打法。

　　我们所使用的训练方法将呈现在本书第二部分。但读者要明白的重要一点是：Monk 体系（译者注：这是作者前面提到的、新训练体系的代号）是已经被中国的教练和球员们所使用并检验过了的。刚接触这个训练体系时，因为不熟悉，教练和球员双方都会遇到一些困难。但随着时间推移，实践证明，身处此训练体系中的球员和教练都获得了满意收效。

　　尽管过程中出现了这样或那样的问题，但我和教练们并没有妥协，始终坚持推行新的训练体系，这是非常重要的。推行新事物过程中，比起继续坚持原计划来说，人们更倾向于按照自己以往经验做出调整。然而坚持执行既定计划，一段时间后，球员们逐渐熟悉了新训练体系的套路，进而确立了认同感。很幸运，我和我的团队坚持下来了，所以我提醒教练们要注意到这种情况，他们也不断努力地去解决过程中出现的问题，最终获得了成功。

2. 教练团队

　　训练开始后，每名教练都被安排执教一支校内的球队。然而校内的球队数目有限，所以并不是所有的教练都能担当球队主教练，有些教练担当的是球队助理教练。对教练员们担任球队主教练或助理教练的这类安排会在整个学年中视情况而做出一些调整和轮转。教练们全权负责自己所在球队的训练和比赛。我为他们提供了每日训练计划。除了每日训练外，每周他们还要执教三场自己球队所参加的校内比赛。

　　教练员培训的课堂授课时间缩减到每天 1 个小时。我通过观察教练们的训练和比赛，给予他们必要的指导。随着经验的不断积累，教练们开始自己制订训练计划，我的工作也由为他们制订计划演变成帮他们审核计划。教练们安排计划的依据是我为他们提供的一本包含训练体系和具体训练项目在内的手册，此手册也是本书出版的原型。

对教练员的培训是最终帮助球员取得进步的基础。教练员不单是需要掌握训练体系方面的知识，还需要学会如何将此体系教授给球员。同时还有更重要的一点，就是对自己所执教内容的相信程度。教练需要相信他所教的内容。没有这份自信，球员们也很难会接受这些新的训练理念和训练体系。最初，教练们也会对新训练理念和新体系半信半疑，但我们始终相信实践是检验真理的唯一标准，在见证了球员们在新训练体系下的巨大进步后，所有的顾虑和怀疑也不攻自破了。

最初，我们训练体系中频繁暴露地问题是球员在校内联赛中的比赛节奏。由于国内球员很少进行团队整体打法的练习，而多是个人技术练习。所以在我们最初组织的比赛中，攻防节奏很快，场面很混乱，球员在比赛中表现得很鲁莽，总想靠个人力量和速度来打球。然而，在太快的比赛节奏下，他们会失去控制，表现出很多失误，也就很难体现他们的日常训练成果。若想很好地来掌控比赛节奏，需要教练员和球员们都积累更多的经验。后来，随着比赛经验的不断积累，比赛节奏的问题最终得以解决。

3. 组织安排

东莞篮球学校的一个学年包括三个学期，每 13 周为一个学期。在每个学期开始时，会通过选秀的方式来更换球员所属的球队和教练。选秀的流程和 NBA 选秀流程很相似。通过这个方式，球员可以经历不同的教练风格，同时教练也可以执教新球员。这种经历对球员和教练都是很重要的。

每个学期末，会举行季后赛来决出这个学期的冠军。季后赛的比赛安排是很特别的，有现场音乐，球员入场介绍和奏国歌仪式。对全校师生来说，季后赛总是备受瞩目且激动人心的。这种压力情境下的比赛强度很大，球员的比赛热情也更高。教练和球员在应对这种季后赛氛围下比赛所收获的经验是非常宝贵的。

每学期的最后是颁奖仪式，设置了各类奖项，分别授予给各级别联赛中的冠军球队、最佳球员和最佳教练，以及各支球队的进步最快球员。这些奖项评估的依据是球员和教练在整个学期的表现，而不仅仅是季后赛的表现。

本着善始善终的原则，每个学期都应当有个恰当的结尾。它给球员们以希望，并激励他们去追求新目标。它为球员的努力打球过程增添了戏剧性和激动人心的元素。同时，它也能帮助球员和教练增进对训练体系的信任程度。这些简单的奖项设置在见证着球员和教练员们一年间辛勤付出的同时，也是对他们所取得成就的一种认可。我一直觉得篮球运动应当是充满乐趣且能收获满足感的，这种无以言表的快感源自于球员和教练们在充满压力和竞争的比赛中取得的成就。

4. 比赛

培养球员和教练的一个重要环节就是让其积累比赛经验，这也是我们的训练方式和中国式的训练方式间的最大不同。中国球员的一个不足就是他们往往不能在比赛中发挥很好。他们不擅长团队合作式的进攻和防守。原因在于，他们的日常训练就不注重整体性练习，且缺乏比赛经验。我们需要克服这个不足。

在东莞篮球学校，年龄大一点、水平高一点的球员们一起组成 CBA 联盟，每周打三场比赛，年龄小一点的球员组成另一个单独的比赛联盟，每周打两场比赛。如果不考虑伤病影响，每名球员（一个学年内）都有机会打超过 100 场的比赛。教练们需要为每场比赛做准备，他们的执教场次也超过 100 场。

校内比赛组织是非常专业的，包括裁判、记录台人员和技术统计人员。比赛会被录像，教练员和球员们可以在赛后得到本队比赛的录像。整个比赛的流程管理是十分严谨且注重细节的，具体涉及比赛规则、比赛日程、开赛时间、热身环节、球员比赛名单提交和比赛服统一。

比赛让我们的训练更有意义。球员们也会很兴奋地讨论比赛。大量的比赛帮助球员和教练们积累了丰富的经验，最终帮助他们取得显著的进步。

5. 专门成立的球队

第一个学期快结束时，我们不考虑球员间的年龄差别，挑选出12名最好的球员组成一支球队，我们叫它精英队。这支队伍中的个别球员在后来的一段时间里会有些微调，但大体上的人员状况保持不变。队伍成立之初，为了不打乱学校中其他球队的既定训练时间和安排，我们一周训练三次。后来，精英队逐步开始同本地的一些高中篮球队、体校篮球队以及其他一些来我们学校进行集训的球队进行比赛。为了备战这些比赛，我们开始每天都进行训练了。

精英队训练中所使用的进攻端和防守端的训练项目，同校内其他教练带其他校内球队使用的训练项目是一样的。我来执教这支精英队，采用的也是之前教授给教练们的方法。在整个第二学期中，精英队一共打了11场比赛，赢得了其中的7场胜利。没有获得完胜的原因在于，这些比赛其实并不公平：精英队的球员年龄都处于正常的中学生年龄段，也就是在13岁到18岁之间。而我们的对手球队中包含年龄更大的球员，他们中有的已经20多岁，身材更高、体格也更强壮。

然而，我们的队员知道如何打团队篮球，我们的整体进攻和整体防守给对手带来了不少麻烦。从比赛结果不难看出，相对于其他对手的训练方法，我们所采用的训练方法更为有效。

在第二学期后我们暂时停止了对精英队的训练，打算在第三学期开始之后再恢复。停训期间，我们接到通知，学校将参加一项全国性的U15篮球比赛（参赛球员的年龄要求在15岁或15岁以下）。这意味着我们需要重新组建一支球队，里面会包含原有精英队中的一些适龄球员。

我和初教练（译者注：东莞篮球学校的一名中方女教练）一起组建了这支新球队，并开始训练。年龄限制是个需要考虑的问题。很多球员虚报他们的年龄，这种情况不单发生在我们队，同样也发生在其他队伍之中。

基于此，政府部门（译者注：这里指中国篮球运动管理中心）进行骨龄测试以判断出球员的真实年龄。我们队中有两三个更好的球员没有通过这些测试，将无法参加此项比赛。

由于 U15 赛事的南区比赛将在 5 月份举行，所以由初教练来担当我们球队的主教练。她是我们新训练体系的坚定执行者，是这支球队很好的一个主教练人选。除了日常训练，我们还调整了校内比赛的安排，让新组建的 U15 队伍也参加校内的比赛。他们打了 6 场球，赢了其中的 3 场。

而当他们真正参加 U15 的全国比赛时，却是另一番景象。他们很轻松地战胜了前四个对手，其中两场都是以 40 分或 40 分以上的分差取胜；在两场比赛中都把对手的得分控制在 20 分以下。最终在南区的全部比赛中，他们以 7 胜 1 负的成绩，在全部 19 支队伍中总排名第三（译者注：总成绩中除了包含比赛成绩外，还包含球员的身体和技术测试成绩）。这也确保了球队将参加下一阶段的、当年 9 月份举行的全国比赛。下一阶段比赛的参赛队伍是南区比赛的前八名和北区比赛的前八名。

U15 球队取得了非凡成功，同时也显著证明了学校所采用的训练方法的有效性，甚至可以说，我们的训练方法，相比其他学校的训练手段来说，是要先进的。随着 U15 队伍取得了成功，人们就会对我们学校正在做的事情感兴趣，我们会得到国内其他地方的更多关注。

6. 球员的反馈信息

在我离职的最后一天，我同所有的球员开会见面，共有 87 名球员。我先跟他们讲话，然后让他们填写一份我事先准备好的问卷。问卷设计的目的是让球员们来评价学校的训练方法和训练体系，共有 9 道题目。其中的 7 道题目需要球员根据自己的感受来进行从 1 点到 5 点的评分，5 点意味着最好，1 点代表最差。剩下的两道题目则是是非判断题，球员只需要回答"是"或者"否"。

球员们匿名填写问卷，他们只需填写自己的年龄和在本学校训练了多长时间。全部的 87 名学生都填写了问卷，调查最终以压倒性的结果支持了学校的训练方法。

　　球员们对此新训练方法的反馈信息比起理论上的说教更重要。球员们在回答 7 道"关于训练体系对他们有多大帮助"的 5 点评分问题时，87% 的球员选择了 4 点和 5 点。只有 13% 的球员选择了 1～3 点。也就是说，球员们强烈支持新的训练体系。在回答第八道"关于球员是喜欢本校的训练方式还是国内传统的训练方式"问题时，76% 的球员回答的是喜欢本校的训练方式。最后一道题目是询问球员对学校是否满意，全部 87 名球员中有 85 名选择了"是"。

　　全部的问题和选项将呈现在本书的附录部分中。

本章介绍了东莞篮球学校成立的历史和运作状况。这所学校取得成功了吗？我想，大多数人都会承认这所学校取得了巨大的成功。有两个方面值得讨论，也应当再着重强调，因为，这两个方面都直观显著地证明了本书所要叙述的训练体系的适用性。

第一个方面是精英队和U15队所取得的成功。这两支球队采用的都是学校中所推行的训练方法，可以拿它们的表现同它们的对手球队的表现做比较，以此来检验各自背后训练方法的优劣。相比较他们对手球队中有20多岁的球员，精英队球员年龄更小，全部的11场比赛都是以小打大的局面，他们却赢下了其中7场比赛的胜利。而在U15南区赛事中，我们的U15队伍在身材方面并不占优势，同时是我们第一次参加全国大赛，却取得了很好的名次。U15球队所取得的成绩可以让对我们训练方法持怀疑态度的批评家们闭上嘴巴了。

第二个方面是这所篮球学校已经建立的这套高级训练的模式。它可以在中国的其他地方被复制，因为它已经在这所学校中被证明是有效的。我们会在第二部分详细论述这种高级训练模式——Monk体系。今后，还有更多的工作要做，也需要更多的人参与其中：学校方面需要继续推行这种训练体系，因为体系本身比体系下工作的人员更重要，学校里的工作人员可以变动，但体系本身需要继续延续下去；NBA方面则需要找到一种复制此训练体系的方法来帮助中国其他区域的篮球教练和球员们。也许还会有其他的训练方法出现，但就目前来说，这种训练模式是唯一的一个、经受过检验且被证明是行之有效的训练模式。

在进入阐述Monk体系的第二部分之前，我们还需要更进一步来说明此训练体系的价值，差不多将会用到三章或更多的章节篇幅。在本书中，我和读者们已经一起走过了一段历程。我们间如同军队一般，但这里没有士兵和军官，我们的身份是教练，球员，政府官员，媒体从业人员，球员家长。让我们一起有条不紊地、用心朝着我们的目标前行，那便是——让中国篮球统治世界篮坛。

第2章 东莞篮球学校

第3章

Monk 体系的科学性

在本章的最开始，我想先说明一下，我知道一些读者对篮球统计数字的分析并不感冒。但如果没有相关统计数字的支持，读者们其实很难理解我为什么会提倡某些特定的训练原则。当然，读者没有必要深入地理解这些统计数字，他们需要的是对统计数字简洁明了的解释，从而方便他们来领会这些训练理念的合理性。而这些训练理念则是本书所介绍的中国篮球高级训练方法的基础。

❋❋❋❋❋❋❋❋❋❋❋❋❋❋❋❋❋❋❋❋❋❋❋❋

诚实且准确的篮球统计数字就是最好的证据，它们描述着事实，而不是我们的空想或理论。（在篮球比赛或训练情境下）这些统计数字可以帮助我们在一堆可选的决策中选择出更优的方案。本章将列出并解释一些特定的篮球统计数字，它们是我们发展出 Monk 训练体系的科学依据。对这些统计数字的解释会尽量简洁明了，让读者可以很轻松地理解它们的含义。本部分试图回答一个大家都会思考的问题：决定一场篮球比赛胜负最关键的因素是什么？

我曾经也问过自己这个问题，随之便开始了我的研究。我们通过打比赛来判断出究竟是哪支球队在某天或者某个赛季更优秀一点，而赢得比赛便是衡量我们训练质量和比赛质量的标准。

回答上面的问题：比赛双方在投篮命中率方面的差异是决定一场比赛胜负的最关键因素。说得更明白一点，通常情况下，只要你队的投篮命中率高于对手，你队就能赢得比赛，无论你队的命中率究竟是多少。它可以是很高的命中率，也可能很低，但只要它比对手的命中率高就行了。这个指标将进一步引导我们的研究，接下来的思考便是：哪些因素会影响球队的投篮命中率？我们可以从以下四个方面去理解。

1. 投篮命中率因素 (Field goal percentage factors)：总的投篮命中率 (overall field goal percentage)，投篮效率（field goal value），防守篮板数目和抢断数目之和 (the combination of defensive rebounds and steals)；

2. 受干扰的投篮和不受干扰的投篮（Contested and uncontested shots）；

3. 球权效率评估（The Value of Possessions）；

4. 球队间隙内的攻防表现（Playing in the Spaces）。

1. 投篮命中率因素

我在很多年前已经发现决定一场比赛胜负的最重要的因素就是双方在投篮命中率上的差异。从我的研究中得出结论：无论你队的投篮命中率具体是多少，关键的指标是：你队的投篮命中率比对手高。我的研究很简单，所用到的信息也都可以从每场比赛后的技术统计中获得。尽管过了这么多年，这个研究结论依旧是成立的，即投篮命中率高于对手便可以赢得比赛，虽然它不是百分之百的正确。

为了更好地与时俱进，我还用最近几年的 NBA 比赛数据来重新验证了一下。我主要使用的是 NBA 季后赛比赛的技术统计，四年间共 337 场的比赛数据被追踪纳入研究中，包括 246 场季后赛数据和 91 场常规赛数据。在每场比赛中获胜队伍和输给它的对手间的差异主要体现在以下几方面：投篮命中率、投篮效率、篮板球数、失误数、罚球得分和正性球权数目（Positive possessions, POP）。

这里的投篮命中率是不考虑两分投篮和三分投篮的差别，用全部的投中次数除以全部的出手次数来计算得到的。这也是 NBA 比赛技术统计的标准记法。但是，这种命中率的计算方法中忽略了每次三分投篮命中比两分投篮命中有更高的价值这个因素。所以我们用一个更准确的指标来衡量投篮方面的效率：投篮效率（field goal value）。计算方法是用全部投篮得到的总分数（包括两分投中和三分投中）除以全部的出手次数来得到每次投篮出手所得到的分数，即投篮效率。

举个例子来说明投篮命中率和投篮效率间的区别。一支球队总共出手投篮 70 次，结果是：投中 20 次两分球（得 40 分），投中 10 次三分球（得 30 分）。投篮效率方面的得分是用总得分 70 分除以总出手次数 70 次，效率值为 1，意味着这支队伍平均每次投篮出手都能得到一分，效率很好。若是从投篮命中率方面来看，用总命中数 30 次（包含 20 次两分命中和 10 次三分命中）除以总出手数 70 次，得出命中率为 43%，这个数字并不是很高。所以读者们可以很清楚地看到这两者间的区别了。

另一个对读者来说比较陌生的指标是正性球权数目（Positive possessions, POP）。正性球权数目是将球队的后场篮板数目和抢断数目汇总得出的。球队获得球权的不同方式会对比赛胜负有很大的影响。我们将在另外的部分来讨论这个影响。

最终的研究结论是：在被纳入研究的所有比赛中，拥有更好投篮效率的球队赢得了其中 80% 的比赛；拥有更高正性球权数的球队赢得了其中 78% 的比赛；拥有更高投篮命中率的球队赢得了其中 77% 的比赛。除了这三方面的关键指标，其他方面的指标对比赛胜负的影响并不显著，除非在某特定指标上，比赛两队间的差距太大。比如说失误指标，若比赛中甲队失误 26 次，而对手乙队只失误了 12 次，尽管甲队可能在上述的三个指标（投篮命中率、投篮效率和正性球权数）上略好于乙队，但这么大的失误差距将会对比赛结果发生更大的影响。（高质量的比赛中）比赛双方一般不会在技术统计上出现如此大的差距的。

说到这里，大家可以思考一下，上面所叙述的这些统计数字对指导我们训练的意义了。教练们应当考虑到这些对比赛胜负起关键作用的因素，来做出自己的决定：在比赛中使用怎样的进攻体系和防守体系；在日常训练中究竟要练习哪些训练项目。上文中描述了很多关键制胜因素。教练们需要理解这些因素的作用，我们将在随后的部分对它们进行更细致的分析。

读者们需要注意一点，本研究所使用的是 NBA 季后赛的比赛数据，而 NBA 季后赛则是 NBA 联盟中最好的多支球队之间所进行的最激烈的比赛，这些都是高水平的篮球比赛。如果用其他水平的篮球比赛的数据来做类似研究的话，我相信，会得出和我一致的结论。

2. 受干扰的投篮和未受干扰的投篮

一个问题：球队的投篮命中率或者投篮效率是由这支球队中球员的投篮能力决定的吗？答案：可能是，也可能不是。我曾经带过的一支 NCAA 球队，在某一年的比赛中，该球队的投篮命中率在所有球队的排名中名列前茅。整个赛季平均下来，投篮命中率高达 52%，如此好命中率的表现自然也得到媒体的关注和褒扬。

在一次全美直播的比赛中，我们打出了 55% 的投篮命中率，轻松获胜。

我无意中听到赛后的媒体采访中的这一段对白。记者采访我们的其中一位队员："你们队投篮命中率这么高，你们队里应该都是很好的射手吧。"那位队员回答说："其实不是我们投得准，是我们的投篮选择好，只有当合适的投篮机会出现时，我们才出手投篮，而且由始至终在比赛中，我们都努力地去创造这类高命中率的投篮机会。"

这段对话给了我触动，因为其中道明了比赛场上的一些规律。球队的投篮命中率和投篮效率很大程度上取决于比赛中球队的投篮机会选择以及是如何得到这些投篮机会的。这两方面的内容非常非常重要，我们需要更深入地来探究。

我研究过成千上万次的比赛中的投篮场景，从高中级别的比赛一直到NBA级别的比赛。从中发现一个影响投篮命中率最关键的因素：干扰投篮（shot contesting）。这个结论适用于各个级别水平的篮球比赛。在NBA级别的比赛中，被防守者干扰下的投篮的命中率为36%，而不受防守者干扰的投篮命中率高达68%。这个差距是非常显著的。对投篮的干扰，不一定是非常强的干扰，事实上，任何程度的干扰都会有效地影响投篮者的命中率，当然，越强的干扰越会降低投篮者的命中率。

平均来算，NBA球队在比赛中会干扰到对手全部投篮中的73%，而剩下27%的投篮是没有被干扰的。在这种投篮干扰比例下，NBA球队的投篮命中率平均为45%。这是NBA级别下的平均水平，在前后40年的过程中，这个指标各个级别的比赛中基本上保持一致。

从上面的分析中可以看出：球队获得高投篮命中率的秘诀是获得更多未受干扰的投篮出手。相应地，降低对手投篮命中率的秘诀就是尽可能地去干扰对手的每一次投篮。有没有一个标准呢？答案是肯定的，70%或者更高的干扰率就是个标准，如果你的球队做到了这一点，那么对手的投篮命中率就会很一般或者很差，在大多数情况下，你的球队就会获胜。如果你让对手有30%～35%的未受干扰下的投篮出手，对手的命中率就会很高。

好了，下一个问题便是：对一个球队或一个球员而言，如何在进攻端得到未被干扰的投篮机会呢？或者在防守端，如何有效地来干扰对手投篮呢？接下来的一部分将给出答案。

3. 球权效率评估

篮球比赛的进程是不断循环往复的：甲队得到球权来发动进攻，包括投篮、得分、投失、罚球、失误等场景，然后对手乙队获得球权来进攻，也对应包括投篮、得分、投失、罚球、失误等场景。然后甲队再次获得球权来进攻。这种"两支队伍交替拥有球权来进攻"的场景在比赛中一直持续着，直到暂停或每节结束，来暂停这种循环往复的过程。在本章的后面部分我们会说明这种球权交替拥有的比赛特征对比赛结果的极端重要的影响，因为这种特征会显著影响比赛中的投篮命中率。在这里，我们先来说明如何来评估球权。

首先介绍一个进攻效率评估指数（Offensive Efficiency Rating），是用球队的总得分除以球队总的进攻球权数目。举例来说，一支球队用了78次进攻球权得到62分，球队的进攻效率为0.94（62除以78），或者说球队平均每次进攻球权下得到0.94分。如果球队总得分为80分，那么球队的进攻效率为1.11（80除以78）。这个指数就高一些，说明进攻是很有效的。球队进攻有效性的标准是1，效率指数低于1，则意味着进攻是低效的。高于1，意味着进攻是高效的。

同样地，教练可以用类似方法得出球队的防守效率指标（Defensive Efficiency Rating）。譬如，对手在74次球权下得到69分，意味着本队的防守效率为0.93。衡量防守有效性的标准同样是1，在防守端，0.93，低于1意味着防守是有效的。而高于1的防守指标则意味着防守端不给力。基于比赛循环往复、交替拥有球权的属性，所以一场比赛下来，两支队伍的进攻球权的次数是差不多的，最多相差在一个或两个百分点之内。

为了方便起见，我们把进攻效率指标缩写为OER，防守效率指标缩写为DER。当积累了很多场比赛之后，譬如一个赛季的比赛后，这个指标的有效性就会很好地显露出来。球队的效率就不再以球队得分来衡量了，而是以球队用了多少次进攻球权来得到这些分数。举例来说，A队赛季平均得到101分，B队赛季平均得89分。通常都会认为，A队的进攻更犀利。但是，还是要谨慎一点，如果A队用了104次球权得到101分，意味着它的进攻效率为0.97，而B队只用了85次球权就得到89分，它的进攻效率为 1.05 分。当然如果 A 队和 B 队在打比赛，那么他们所使用的进攻球权应该是差不多一样的。但如果是很多场比赛积累下来，我们就可以用进攻效率和防守效率来更好衡量一支球队的进攻和防守水平。

可以在比赛中或赛后对着录像来一个一个数出进攻球权的数目，进而算出球队的 OER 和 DER，这是非常精确的做法。也可以用一个公式来近似算出 OER，在 Excel 中的计算公式如下：

= Pts/ ((2FGA+3FGA)- Off Reb +TO + (FTA * .44))

其中，Pts——得分；2FGA——两分投篮次数；3FGA——三分投篮次数；Off Reb——进攻篮板数；TO——失误次数；FTA——罚球出手次数。

上面公式中所用到的指标都可以从赛后技术统计中获得。

4. 正性和负性球权数目

球权的不同类型很大程度上影响着球队的 OER 和 DER，而且还对球队的投篮命中率有很大影响。原因在于：球队得到球权的不同方式将会影响到球队所获得未受干扰的投篮出手的次数，进而决定了球队的投篮命中率，在防守端也是这个道理。

一支球队可以用七种不同的方式来获得球权：被对方投中球后、被对方罚中球后、本方抢到后场篮板后、本方抢断后、跳球后、对手失误后和对方使球出界后。其中，被对方投中、被对方罚中、对方失误和对方使球出界这四种情形下，进攻方是通过界外发球的方式来得到球权的。而在本方抢到防守篮板和本方抢断后这两种情形下，进攻方不用死球，直接抢到活球来获得进攻球权。最后一种跳球情形，进攻方得到球权的方式可能是界外发球也可能是直接抢到活球发动进攻。

球队在通过后场篮板和抢断得到的进攻球权下，OER 最高，分别为 0.95（后场篮板后的球权）和 0.96（抢断后的球权），这两种球权类型被我们命名为正性球权（Positive Possession, POP）。而通过界外发球的方式发动的进攻球权下，球队的进攻效率不高，分别为 0.79（被对手投中后的球权），0.71（被对手罚中后的球权），0.62（对手失误后的球权）。这三种球权类型被我们称为负性球权（Negative Possession, NOP）。

球队的进攻效率为什么会在抢到后场篮板和抢断后的球权中更高一点呢？是干扰投篮因素在起作用。相比较 NOP 球权下的进攻情形，在后场篮板和抢断后，球队可以创造出更多次的未受干扰的投篮出手。因为球队得到后场篮板或抢断的情形下，是处于活球状态下的，马上可以发动进攻，防守方往往措手不及，没有足够的时间来建立防守阵型。

一支球队在 POP 中所有投篮出手，有 31% 是未被干扰的，69% 的投篮出手则是被对方防守所干扰的，这时候球队的投篮命中率将为 52%。而这支球队在 NOP 中所有投篮出手，将有高达 76% 的投篮出手被干扰，只有 24% 的比例是未被干扰的，这时候球队投篮命中率将下降为 42%。平均来说，NBA 球队在一场比赛中的进攻球权数目为 94.6，POP 数目为 38，占全部球权数的 40.4%，而这将对球队的整体投篮命中率和投篮效率发生显著影响。

上述的这些统计数字告诉我们很多球场上的真相，它们将指导着我们来制订相应的比赛策略和日常训练重点。这些真实的、强有力的统计数字是我下文所要叙述的特定训练体系（Monk 体系）科学性的依据。

为了更好地理解本书的内容，还有一项非常重要的统计指标需要介绍给读者。

5. 间隙期 (SPACES)、乱战期 (SCRAMBLE) 和即兴发挥 (IMPROVISATION)

在观看 2009 赛季的 NBA 季后赛时，我对各支球队的进攻战术很失望。大多数球队的进攻都围绕着一名或两名球员，而其他三名队员都只是在原地站着等，接到传球，然后在外围投个篮。这类进攻战术是可以被防守方提前预见的，相应地，防守方就会制订防守策略来对此进行针对性的防守。这类进攻大多数都是中路挡拆或边路挡拆。

我不禁问自己，是不是这类进攻战术是非常有效的，所以 NBA 的大多数球队才会如此频繁地使用它。但有两支球队是例外的，湖人队和爵士队，他们的进攻战术与众不同。我觉得有必要来研究一下上述的这类被大多数球队所采用的进攻战术的有效性。在对一些比赛进行研究后，我发现一种趋势：这类进攻战术并不是很有效，很多情形下是这样的，在一次进攻球权中，球队先是发动了此类进攻战术（中路或边路挡拆），但对方防得很好，球队没有创造出好的进攻机会，那么在24秒计时器上剩下的比赛时间内，球员们需要即兴发挥来进攻。我将这些球员们即兴发挥来进行进攻的时间段称为乱战期（Scramble），因为这类情形下，球队的进攻是即兴发挥、没有计划性的，相应地就会让防守方无法提前预见、做有针对性的防守。这时候的防守通常做得不好。

大多数教练都意识到在比赛中会出现这类乱战期，球员们需要自由发挥来进攻和防守。我很好奇，究竟一场比赛的时间内，乱战期会占多大比例。我改变了我的研究方向。我记录了比赛中球队没有打战术的次数和在这些情形下球队的进攻得分。第一场比赛记录就让我大吃一惊。球队73%的得分都来自乱战期，这时候球队的进攻并没有执行战术，这时候对方的防守也失去了针对性，双方混战一团。而球队打精心准备的进攻战术的情形下，得分仅仅占全部得分的27%。

我继续对2009年的季后赛做类似的研究，得到的结果都是一样的。在随后的几年中，我研究了更多的比赛，结果惊人的一致：球队69.1%的得分都发生在乱战期，这时候球队的进攻是无序的，即兴发挥的。而仅仅只有30.1%的得分是发生在打战术的时期，这时候球队的进攻是经过精心计划和练习的。

通常情况下，乱战期发生在以下四种情形中：快攻阶段（fast breaks），快攻没打成转换成阵地进攻阶段（transitions），战术失败阶段（play breakdowns），未打战术阶段（no-plays）。这些阶段往往持续的时间很短，我将它们统称为间隙期(Spaces)。举例说明：球队拿到后场篮板，发动快攻，对方退防，虽然还没有落好防守位置，但已经足以阻止进攻方来得分了。这时候24秒计时器上通常会剩下19秒左右的时间，进攻方没有足够的时间来打特定战术，但还是会有很多进攻时间。球员们此时放弃打特定战术转为自由进攻，这时候需要他们的即兴发挥了。这种情形下，我们定义为快攻转阵地进攻阶段。

另一种情况下，球队拿到球权但没有发动快攻（通常情况下球队此时是通过负性球权的方式拿到球权NOP），球队打特定进攻战术。然而，此时对方的防守也布置得很好，进攻方的战术没有创造出投篮机会。进攻方依旧控制住球，但时间差不多只有12秒了（间隙期），此时进攻方就需要自由进攻，要求队员们即兴发挥。

最后一种情形，进攻方基于某些的原因并没有打战术，这种情形大多数都发生在进攻方抢到进攻篮板，但没有立刻投篮，球队重新控制住球，但没有重新落位来发动特定战术，球员们即兴发挥自由进攻，这个时期也就是我们所说的未打战术阶段。

上述例子中所描述的阶段都发生在很短的时间内，快攻阶段通常是4秒，快攻转阵地阶段时通常剩下19秒，战术失败期时表上一般为12秒，而未打战术期一般为19秒。

我将上述的这些情形统称为间隙期。在间隙期内，进攻方所面对的防守通常是混乱无序的，原因在于：此时进攻方是即兴发挥的，无计划性的，相应地防守方也没办法预测进攻方的动态，无法形成针对性的防守阵型。间隙期的情形类似于之前提到的后场篮板和抢断后发动进攻的情形。

每一名教练都知道间隙期的存在，但他们并未意识到这些间隙期的重要性，对其视而不见。这些间隙期单个算来很小，但一场比赛积累下来，数量多得超乎想象。而且，在这些不断发生的间隙期内的球队得分占最后总得分的比例也是巨大的。

教练们并没有为他们的球队在这些间隙期内的进攻和防守做相应准备，这一点是令人吃惊的。教练们花了大量的时间来训练球队的进攻战术和有针对性的防守战术，中国教练则花大量时间练习的是球员个人技术。但事实上球队在比赛中的得分仅仅只有30%的比例来自这些大量训练的成果。70%的得分和他们的训练毫无关系，这70%的得分所用到的即兴发挥的方法是没有经过训练的。Monk体系将会训练球员和球队在这些间隙期内如何进行进攻和防守。中国的篮球训练在这些环节上尤其薄弱，因为其训练中普遍忽视团体打法的整体练习，而这种团队整体打法对于间隙期内的球队攻防表现来说至关重要。

第 3 章 Monk 体系的科学性

小结

　　读者没有必要花太多精力对上述的统计数字信息进行深入探究，但是，他们需要花心思来琢磨从这些统计数字所推演出来的原则。这些原则是很简单的：

　　（1）篮球比赛的制胜因素包括：投篮命中率，投篮效率和正性球权数目。

　　（2）理解不同球权类型的重要性：正性球权（POP），负性球权（NOP）以及它们对上述制胜因素的作用机制。

　　（3）被干扰的投篮出手和未被干扰的投篮出手的效应。

　　（4）意识到间隙期、乱战期和即兴发挥情形的存在。并重视训练球队和队员在这类情形下的攻防表现。

　　如果读者已经很好地理解了上述原则，将会从一个新的角度来看待篮球比赛。这也解释了为什么第一章中所描述的美国篮球训练体系强调培养球队和球员用本能打球的习惯。使用这种训练体系并不困难，也不需要更多的特别资源。它需要的是教练和球员在理念上的转变。教练员们需要接受一种全新的理念，这个过程教练们需要有人来指导，更需要自身耐心地去学习和全身心地投入。同时，教练们还需要一个建立在客观信息基础上、精心设计的体系来指导他们的日常训练和比赛。这也是我们下一章内容的论述重点。

第4章
训练体系的重要性

1. 你是否拥有一个训练体系？

为了判断一名教练是否拥有一个切实可行的训练体系，教练们都应当问问自己以下这些问题：

（1）你能否用两三句话来概述一下你的训练体系？

（2）你是否有一种进攻打法可以应对比赛中出现的所有问题？

（3）你是否清楚地界定了你的防守体系，此防守体系可以应对比赛中出现的各种情形？

（4）你训练中的所有练习项目是否和你的进攻体系、防守体系直接相关？

（5）你使用的所有训练项目是否都是精心设计，从而能够帮助球队来不断完善进攻和防守？

（6）你的球员是否是经过筛选的，而筛选标准则是他们的打球方式适合你的训练体系。

（7）你的球队是否有个明确的目标？

训练体系是什么？它为什么如此重要？一名教练又该如何建构一套训练体系？本章将回答以上问题。发展出一套体系对一支球队或一个组织能够最终取得成功，是至关重要的。关于体系的含义，韦氏新美国词典给出了一个简明实用的解释：

体系是一个复杂的统一体，它所包含的各个部分相互关联，有机结合成一个整体。

对于篮球运动来说，球队就是那个"整体"，它包含很多个小部分。一个运行良好的体系下，各个小部分都和"整体"紧密联系。此外，这个体系还一定有个明确的目标，用来描述球队成立的宗旨和愿景。最后，球队作为一个整体去努力实现设定的目标，球队中的每个人和每个小部分都必须服从这个目标。这个目标是球队作为一个整体不断前进的动力。体系的作用是将各个小部分有效地组织起来，使它们能够统一于整体之内。

体系可以确保每一个小部分都是与球队整体和目标直接相关，无论这个小部分是非常重要还是微不足道，它都需要配合球队整体，去完成设定的目标。

构建一个体系是教练员的重要职责。他需要精心设计这个体系，并监督它的运行。这可不是件容易的事情，需要花费大量的时间去做准备和管理。一旦这个体系确立起来，教练接着就需要同他的职员和队员们去不断沟通，这些工作都需要教练日复一日地全身心地投入才能完成。

构建体系的首要任务是设定球队的目标。教练需要用简短的几句话来描述出球队目标，这个经过深思熟虑过的目标，要尽量清晰、明确，用简洁的语言来表述出来。连篇累牍式的表述往往使目标变得太空洞，让人摸不清头脑。再重复一遍，首先要明确球队的目标。

一个训练体系通常包含一些固定的子部分，我在下面提供了一个清单。这些涉及到的子部分互相联系，统一于一个整体。每支队伍依据自身情况的不同或许会有不同的清单。下面提供的这份清单，是给教练们在构建自己体系时提供一个参考，它假设教练已经设定并表述了球队的目标。清单中列出的各个部分的排序，并不分先后。每位教练根据球队的不同情况，来决定每个子部分的优先级排序。

2. 训练体系清单

- √ 球队进攻体系
- √ 球队防守体系
- √ 训练计划
- √ 训练项目
- √ 辅助训练：例如体能训练、力量训练
- √ 评估方法：比赛技术统计、主观评估、录像分析
- √ 球员筛选和使用
- √ 相关员工：助理教练、训练师、设备管理员、后期保障人员
- √ 教学原则
- √ 相关设备
- √ 场地设施
- √ 规则和纪律

这份清单并不能涵盖一个体系涉及的所有部分，每个体系都会稍稍包含一些不同的部分，但大体上会和上述清单是一致的。本书的第二部分将会详细说明上述清单中所列出的各项内容，并且解释在一个体系中如何有效地应用它们。Monk 体系将也会在第二部分得到详述，它是一个体系运行的实例。教练们可以把它复制到自己的球队上去。

　　许多教练都已经做了清单上列出的大部分事项，但他们依旧没有建立自己的体系。一个体系，需要通过目标来将它其中的各个部分紧密联系在一起。始终用这个目标来衡量球队所做的每一件事情，这样可以避免做很多无效的工作。执教好一支球队需要教练去关注和处理大量细节工作，而他每天的工作时间都是有限的，经常是教练们被这些细节琐事搞得疲于奔命。然而，他们在做的都是正确的事情吗？他们有没有浪费时间在不必要的事情上呢？体系可以帮助教练来做出判断。不是说拥有体系就可以避免长时间的工作，体系的作用在于，它能够确保教练的精力不用浪费在不必要且没有任何用处的工作上。我观察过许许多多球队的训练，其中的训练项目和球队所设定的目标之间没有任何联系（如果球队本身设定了目标的话）。那些训练只是在练习，让旁观者看起来这支球队正在很投入地训练，而实际上，从达成目标的角度来说，他们什么都没做。

　　我的忠告是：只做必要的事情。这也是一个经过精心设计的体系所应该做的。当体系良好运转时，它将剔除那些不必要的工作，从而让参与者们集中精力来做一些让他们变得更好的事情。

　　下面我来举一些我看到的中国篮球训练中的实际例子。一日清晨，我打算去观摩一支球队的训练。我的一种重要的学习方法就是观摩其他球队的训练，从中学习。这是支高中球队，在中国赫赫有名。训练开始了：球员在底线站成三列，围绕着已经在球场上摆放好的雪糕筒，进行全场运球练习。这个训练项目持续了 40 分钟左右。但我觉得对球员一点帮助都没有。首先，这个训练项目所练习的技巧是非常基础的，事实上，对于高中年龄段的球员来说，太过基础了。第二，在这个项目的训练过程中，教练从未给队员以纠正或指导。他只是在旁边看着，不时地给队员发出指令，要求队员变换不同的运球技巧。我想，如果我问他这项练习的目的以及这项练习如何帮助他的球队在比赛中提升竞争力，他会无言以对的。练习这种训练项目其实是浪费了 40 分钟。相同的时间和精力应当被更有效地利用，去练习一些能够真正提升球员在比赛中表现的训练项目。

还有一个我在中国看到的例子，它揭示了另外一种形式上的时间浪费。在这个例子中的教练（不是之前的那支球队的教练）练习了一个快攻项目，其实很多教练们都练习这个项目。在球场的一端站两名防守队员，另一端站三名进攻球员。然后教练员发出指令，开始三打二的快攻练习；原来防守的两名球员拿到球权后马上变为进攻，原先三名进攻队员中的一员马上变为防守队员退防，又变为二打一的快攻练习。这项练习持续了差不多30分钟。它的弊端在于，实际比赛中，类似的三打二或二打一的快攻场景并不常见。事实上，一支球队很可能打了很多场比赛，但这些比赛中没有出现一次上述的快攻场景。这压根就不是比赛中常见的快攻场景。然而球队却在这项练习上花费了不少时间。这些时间本该用在练习其他的快攻项目上，那些项目和比赛中实际发生的快攻场景紧密联系。教练们的训练项目必须是针对比赛中的实际情形来设计，其他的、和实际比赛场景没什么关系的练习项目都是多余的。

在上述的两个例子中，时间都被浪费了，这些时间可以用在更有意义的训练上。一个精心设计的体系可以避免这种情形的发生，它可以帮助教练把宝贵时间都花在真正有价值的训练项目上。拥有良好运行体系的球队，是可以持续着良好表现的。之所以能做到这一点是因为，体系中的各部分都能够有机配合，作为一个整体向着目标前行。

设计、发展和管理一个体系是件非常困难的事情，需要教练的不懈努力。在世界上的很多地方都存在这种情形：教练们缺乏一个体系，或者他的体系并不完备。使用体系是教练的个人选择，一些人愿意做而另一些则不愿意。本书是专门为中国读者而写的，所以我尤其关注中国的情况。根据我的观察，很少有球队有自己的一套训练体系。

遗憾的是，无论在哪个国家，关于构建训练体系方面的高质量培训都很少，教练们无法去学习他人的经验，而只能靠自学，很多教练都不知道从何做起。本书写作的初衷是帮助中国的篮球教练，通过他们自身的不懈努力来成为一名职业教练。本书提供了必要的信息，教练员可以把它当做一本自学手册，用来帮助其组织球队，指导球员和构建自己的训练体系。前面已经多次提到，本书提供了一个训练体系的实例，它可以被其他地区的球队来复制使用。这套训练体系的有效性已经在中国和美国两地都得到了验证。

第5章
Monk 体系

Monk 体系教给球员们如何去打球，同时教给教练们如何去执教。

Monk 体系整合了球队进攻和防守策略，具体包括球队的进攻体系，球队防守体系，相关的球队训练项目，个人技术练习项目以及教学原则。它是一套方法论，可以指导球队的日常训练和比赛。它之中既包含着一些固定的战术打法 (Sets)，同时也训练球员的即兴发挥能力。它倡导的防守体系遵循一些既定的防守原则，可用来应对比赛中出现的所有进攻场景，而不仅只针对某些特定的比赛场景。

我在很多年前发展出这个体系，在我的执教经历中，这个体系不断得到完善。我将其用在东莞篮校学校第一年的训练中，取得了成功。这个体系强调简单化而不是将训练和比赛搞复杂。它适用于高中球队、大学球队和职业球队。

这个体系包含了一套完整的训练方法。为了更好地在这个体系下打球，球员们需要熟练掌握一些必要的技术。训练项目和球队的进攻和防守紧密联系，训练中所练习的都只是必要的技术，来帮助球员变得更好。事实上，只练习这些必要的技术就足够了，就足够练得像迈克尔·乔丹一样了。我将会在第二部分详细介绍。

本书之所以采用指导手册的形式来呈现给中国的教练，原因有两点：

（1）这是个完整的体系，无论什么类型的球队教练都可以借鉴使用。而体系中所涉及的各个必要部分，从具体的训练项目到球队的整体表现，本书都一一进行了详述。

（2）体系本身就包含着训练方法。这套训练方法特别强调同实际比赛场景紧密联系。而中国的球员恰恰在这一方面做得不好，他们的训练和比赛脱节，使得他们在同其他国家的球员比赛中处于劣势。

这个体系并不是专门为中国教练和球员所设计的，但它恰恰十分理想地满足了中国教练和球员训练方面的需求。它强调球场上的移动、整体打法和球员在球场上的瞬间本能反应训练。任何教练只要用心地去琢磨本书中的内容，并将其应用到自己的球队中，都会取得成功，就像东莞篮球学校的教练和球员已经取得的成功一样。这个体系将帮助球队取得持续的成功，同时帮助球员去学习和熟悉美国式的篮球打法，最终也将帮助到更多的中国球员去美国打球。

这个体系同样会帮助到用心琢磨和使用它的教练。和球员一样，教练们会习得一些执教技巧来增进他（她）对篮球运动的理解。这是个简单的体系，但需要严谨而明智的执教方法。我将在第二部分介绍这些执教方法，它们会促使教练去不断思考改进。

在介绍第二部分之前，我需要问一下读者们：你们是否理解了本书前五章所叙述的内容，这些是我所提倡的训练体系的背景知识。如果没有理解，请再重新读读它们。这是非常值得的，它可以帮助你们更好地理解第二部分中所要叙述的内容细节。

读者们，你们已经在开始一项新探险，过程中充满着陌生的挑战。而这些挑战将让你们自身变得更强大，变得更有资格被称为——教练。

NBA 篮球训练法

第 2 部分

第6章

Monk 体系的历史渊源

1. 引言

根据多年研究数据，我在第一部分给出了一个论点：在一场比赛中存在许多零碎的间隙期 (Spaces)，球队在这些小时间段内的表现不断累积起来，将对比赛结果有很大的影响。在这些间隙期内，球队所打的进攻往往是无序的，也没有经过教练的专门训练，球员们都是即兴发挥，自由地进攻。我同许多职业球员和资深教练都交流过，结论是没有任何一支球队的教练会专门设计训练项目来培养球员在这些间隙期内打球的能力。

北卡罗来纳大学的篮球队主教练迪恩·史密斯 (Dean Smith) 是个例外，在他的《篮球比赛：多样化的进攻和防守》(Basketball Multiple Offense and Defense) 一书中，他介绍了一种进攻打法，可以帮助球员来应对间隙期下的比赛情形。我最初阅读这本书时，并没有意识到球队在间隙期内的表现对比赛结果的巨大影响力，而且他在书中也没有对这部分进行重点叙述。他只是简要地指出：在他的球队打既定的进攻战术失败后或者打快攻失败后，球队的进攻就立刻转换为这种进攻打法，他称之为自由传切打法 (free lance passing game)。

尽管史密斯教练没有特意强调这种从战术失败转换成自由传切打法的重要性，但实际上，这种转换对他球队的进攻来说是非常重要的。通过对他所获得的第一个 NCAA 冠军时的决赛录像进行分析后，我发现，北卡罗来纳大学队对于这种自由传切进攻打法的使用是贯穿于整场比赛的，而且这种打法是他们队所有进攻战术中效率最高的。最有名的当属乔丹在比赛最后时候所投中的致胜一球，仔细分析后可以发现，乔丹的这次得分就是在球队进攻战术失败后球队进攻马上转换成自由传切打法下所发生的。

无独有偶，同一时期，我在西得克萨斯州立大学 (West Texas State University) 篮球队担任主教练，也使用了一个类似的进攻打法——有规则下的自由进攻 (Ruled Free Lance)。我的球队没有使用其他进攻战术，只用这一个，在快攻失败后我们就使用它，这也是我第一次意识到它的巨大效用。当我去 CBA 联盟执教时（一个规模较小的篮球比赛联盟，在当时，算是 NBA 的发展联盟），我在球队中同时练习这种进攻打法和其他的一些固定的进攻战术。那个时候，我开始意识到，无论是在快攻失败后，还是在打既定进攻战术失败后，球队都应该马上接着打这种战术（有规则下的自由进攻），而不是停下来让对方有机会再重新组织好防守。在上述的两类情形下，有规则下的自由进攻的进攻效率都非常高。通过读史密斯教练的书，我相信，他也是提倡在类似情形下使用自由攻击的打法。很遗憾，我未能有机会同史密斯教练当面探讨这个问题，但当时我确实没有意识到这种打法对球队整个进攻有如此大的影响。

如上所述，我知道在阵地进攻战术失败或快攻失败后使用自由进攻打法是十分有效的，但我并不清楚这种打法对整个比赛结果的影响力究竟有多大。直到最近几年，我收集了更多的比赛信息，意识到这些比赛中的小间隙期的表现不断积累造成的效应，会对比赛结果产生巨大影响，也随之意识到我和史密斯教练所共同倡导的自由攻击的进攻打法是可以应用到这些比赛过程中的小间隙期内的。

2. Monk 进攻和 Monk 体系的区别

读者可能分不清楚 Monk 进攻和 Monk 体系这两个术语间的区别，我来解释一下。

Monk 进攻是一种遵循了某些特定进攻原则下的进攻打法，提倡自由攻击，我将会在随后的章节里对其进行详细介绍。它既可以用于球队的半场阵地进攻，也可以作为球队特定进攻战术失败后或快攻失败后的备用打法，甚至在一些需要随机应变的比赛场景中，也可以使用它。当然，Monk 进攻并不是我们进攻体系的全部，而只是其中的一部分，但它是我们整个进攻体系和 Monk 体系中的核心部分。

Monk 体系是各个部分有机组成的统一体，它包含着球队整体进攻（Monk 进攻就是其中的重中之重）、球队整体防守、和整体攻防相关的训练项目、球员个人训练项目、教练组、医疗后勤组等等。Monk 体系是个整体，而 Monk 进攻是其中不可或缺的一部分。

3. Monk 名字的由来

Monk 进攻之所以用"Monk"来命名，是为了纪念一位传奇的爵士乐钢琴家和作曲家——瑟隆尼斯·蒙克 (Thelonious Sphere Monk)。瑟隆尼斯·蒙克的演奏风格是独一无二的，尽管作为一名爵士音乐家，他很忠实于原作的旋律，会在表演的开始阶段按原作的旋律来演奏，但之后他便会随性发挥。他强调自由发挥，但自由表演的同时又始终遵循着一些既定的和弦原则。到了表演的最后，他又能很自然地再回到原作的旋律中，一切都是如此浑然天成。

Monk 体系也遵守着上述类似的规范。Monk 体系以一个规范的、结构化的战术打法为中心，但强调视不同的比赛情形来自由即兴地进攻。即兴发挥是 Monk 进攻中最重要的部分，但这种即兴发挥始终遵循着一些既定的指导原则。球队这种结构化的战术打法就是蒙克大师演奏时的原作旋律，而球队在间隙期内的战术打法就属于即兴发挥的范畴了。如同蒙克大师演奏时从原作旋律转换到即兴发挥一样，我们球队 Monk 进攻也可以从结构化的打法切换到间隙期内的自由攻击打法。

瑟隆尼斯·蒙克大师用这种风格演奏出了美妙的音乐；我们用这种类似风格打出美妙且高效的篮球比赛。

4. Monk 体系下的球队整体防守

我将 Monk 体系的球队整体防守命名为球线防守 (Ball Line Defense)，就像我们的 Monk 进攻一样，我们的球线防守也是遵循着一些既定原则的。大多数球队所使用的防守策略都是针对对手的具体进攻战术来设定，也就是说对手进攻战术是固定的，可以被预见到，所以就有针对性地进行防守布置。而通过阅读本书的第一部分，我们已经知道对手通过固定的进攻战术所得到的分数仅占其最后总得分的很少的一部分，而对手在间隙期内的得分是其通过固定进攻战术得分的三倍。更重要的一点，对手在间隙期内得分所使用的方式往往都是即兴发挥的，无法被提起预知。这样，建立在预知基础上的有针对性的防守策略也就失效了，若还是坚持使用这种防守策略，球队的防守将在这些比赛情形中表现得一团糟。与之相比，遵循着既定原则而不是针对既定进攻战术而设置的球队整体防守在面对对手的即兴发挥时，则可以迅速调整去应对对方的自由攻击。

球线防守之所以能够应对这种自由攻击的模式是因为它防守的重心不是某类特定进攻战术，而在于防守进攻球员。它所使用的防守原则很简单，能够应对比赛中可能出现的所有情形。

Monk 体系的核心在于运用一些简单原则来指导球队在比赛过程中的间隙期攻防表现。这些原则必须适用于比赛中可能出现的所有情形。同时，这些原则也应当给予球员在比赛中自由本能表现、即兴发挥的空间。

如果希望球员最终可以在球场上自由本能地来运用这些原则，教练需要采用一种有明确目标的教学训练方法，使球员从中不断积累学习经验。学习在球场上如何本能运用原则打球是很困难的，和传统的学习如何打球有很大区别。教练们则需要从心底真正接受这种新的篮球理念，用心理解它，同时乐意尝试不同于以往的教学方法，去实践这种篮球理念。

想本能地在球场中运用这些原则，首先要掌握一些必要的篮球技术。掌握的意思是需要球员达到本能地运用这些技术的程度。也就是说，球员在场上不用去想，而是不假思索地就能做出这些技术动作，这就是我们教学方法最终希望达到的目标。不夸张地说，球员越是能够本能地掌握这些技术，球队越是能够打出本能表现，Monk 体系就越接近成功。

本书第二部分是一本操作手册，可用来帮助读者学习 Monk 体系，读者也可以依照此手册来教授 Monk 体系。这个手册中包含着专有术语、教学原则、Monk 进攻、既定的半场阵地进攻战术、快攻、间隙期内的战术打法、球队整体防守、整体训练计划、具体训练安排。第二部分的各个章节将一环扣一环，逐步地介绍整个 Monk 体系的内容，不同水平不同层次的篮球队都可以使用这个体系，并从中获益。

第7章

教练即老师

做好教学环节是执教好一支篮球队的基础。在这里，有一些重要的教学原则要与大家分享，它们都是被证明过的行之有效的教学原则。这些原则看起来平淡无奇，但很多教练都没有真正理解它们，也就无法很好地去运用它们。之所以在这里讨论这些原则，是因为它们对 Monk 体系也是十分重要的。事实上，对于任何体系来说，这些原则都是至关重要的，教练们有责任去学习和应用它们。

前两条原则皆引自他人之言，并且都是被证明为真理的，因此，所有教练都应该把它熟记在心。而在这两条原则背后，我有一个小故事要跟大家分享一下。

在我教练生涯的第一年，我在一所高中篮球队担任教练。我同样也在那所学校教书做老师，每天都有一个固定时间段是空闲的，由我自己支配。在这个时间段内，有一位化学老师同样也是空闲的，他是这支球队的前任主教练，有酗酒的习惯，但他是一位非常出色的老师。

有一天，我跟那位前任教练聊天，提到我希望有好的球员加入到球队中。他透过老花镜凝视着我，说出了第一条教学原则：

1. "篮球运动员靠的是本能，而不是头脑"
(BASKETBALL PLAYERS PLAY WITH THEIR SPINAL CORD NOT THEIR BRAIN)

我花了很久时间才真正理解这条原则的含义，而随后的执教生涯里也让我不断认识到这条原则的无比正确和重要。这个原则强调球员需要靠本能在场上打球，而不是边想边打。若是球员在场上的每一个动作需要在头脑中先想一遍，那就太慢了。我们可以通过做演示、让球员不断重复练习和让他们在比赛中积累经验来培养队员靠本能打球的习惯。

有一天，我同这位前主教练一起探讨执教球队的技巧，我告诉他我打算使用的一个新的教学技巧。他说道：

2. "教练们执教球队时最需要关注的地方不在于你如何教,而在于球员们如何学"。(IT ISN'T HOW YOU TEACH; IT IS HOW THE PLAYERS LEARN.)

关键就在于球员们是如何学习的。每位教练都需要谨记:始终要关注的是如何帮助他的球员来学习,而不是把工作重心放在提高教练自己的教授技巧上。教练不是球场上的明星,球员们才是。我见过很多年轻的教练员,甚至包括一些上了年纪的教练,他们陶醉于自己的某个执教技巧、某项训练项目的精妙安排或者是某个巧妙的进攻战术,并以此为荣;他们更注重完善自己的执教技巧,而忽略了培养手下球员们的学习能力。教练员应当将这个原则铭记于心,在执教过程中反复琢磨,慢慢领会其中的含义,从而提高自己的执教水平。

下面还列举了剩下的几项教学原则。

3. 重复

重复练习并不是件有趣的事情,很多教练都会因此而放弃对球员这方面的要求,有时候他们也担心球员会感到无聊。但是,重复练习对于学习篮球技巧和篮球体系来说是必不可少的。球员在球场上的本能反应就是通过不断地重复练习来形成的。对于需要掌握的内容进行一遍又一遍的反复练习,最终会让球员和球队受益。

4. 简单化

当教练员使用很复杂的训练项目和训练体系时,球员们的注意力都放在了如何去理解这项练习项目负责的训练流程上,而不是放在如何去正确地完成训练项目所希望球员掌握的技术动作上。每个训练项目都应当有个特定目标,球员的注意力应该都集中在如何在训练中完成这个目标,同时锻炼球员的多项能力往往适得其反。这便是 KISS 原则:简单就是美 (*Keep It Simple Stupid*)。

5. 耐心

想要习得一项技术，熟悉一个训练项目，一个训练体系是需要不断重复练习花费很多时间的。成功大多是来之不易的，这个过程中需要教练坚持不懈地执行既定计划，不随波逐流。有耐心地一点点推进整个训练安排，终会让自己的球队获益。

6. 体验

球员们需要时间来亲身体验，用自己的节奏去习得教练所教授的内容。亲身体验是球员们最有效的学习方式。这种学习不需要指导，教练只需给予球员们犯错误的空间，不断让球员自己去反复练习，在多次尝试错误的过程中找到最适合自己的方式来掌握教练所要求的内容。教练们要做的就是设计一些球队整体训练项目和创造一个激烈竞争的比赛环境。

7. 纠正

教练员有必要给球员指出他们做得正确的方面和出错的地方。但若教练总是不停地纠正球员的问题，则会让球员心神不宁，产生混乱。要记住，教练员不是为了纠正而纠正，要想真正帮助球员进步，就要注意纠正的时机和纠正的方式和方法。每一名球员都是不同的，他们都可能发展出适合自己的方法（或者技术动作）去完成教练的要求，这种方法也许不被教练认可，但不可否认的是，球员自己练习出的方法往往是更有效的、适合自己的，甚至比教练员指导所使用的方法更有效。所以，教练员在做纠正时要十分谨慎，因为你强制性地纠正球员问题往往可能适得其反，对球员和球队产生不良后果。

8. 激励

教练员应当经常激励他手下的球员和整支球队去全力以赴地训练和比赛。有很多种激励手段：讲故事、提出明确要求、发表鼓舞人心的演讲又或是设定目标等等。教练员应当精通上述的各种手段。而且，球员们也要学会自我激励，培养球员的自我激励能力也是教练的一项职责。

9. 要求

大多数人都是会偷懒的，不会总是全力以赴。教练有责任去要求球员，去推动他们，推动整支球队朝更高的水平前进。球员们不太会要求自己，总会自我感觉很不错。教练需要不断地给他们设定更高一点的目标，帮助他们去追求卓越。大家总是容易在取得一些成就后就安于现状。殊不知，好是伟大的敌人(The enemy of Great is Good)。一旦你认为自己已经够好了，就是你退步的开始，你也就永远无法迈入伟大者的行列。

10. 纪律

纪律总会让人不太舒服，但它又是必不可少的。纪律不必太过严苛，但对纪律的执行必须是始终如一的。无论球员是在哪个方面违反了纪律，譬如球场上球员跑错了某个训练项目、公共场合着装不得体、训练中没有将球衣扎进短裤内、或是训练比赛投篮出手的时机不好，就必须马上纠正。只要教练一直始终如一地要求，球员就会慢慢学会守纪律。衡量一个教练是否纪律严明的标准是：在任何情况下，球员们都会严格执行他的命令。

第8章

专有术语

本书接下来的章节中将会出现一些篮球术语，其中的一些术语是我们 Monk 体系所专有的，教练和球员可能对它们并不熟悉。本章中我将给大家介绍其中最重要的一些专有术语。

1. 乱战期 (SCRAMBLE)

我们在本书的第一部分解释了这个术语的含义，基于它本身的重要性，这里我再重复解释一遍。乱战期发生在比赛中的两支球队都处于无序状态时，这种情形下，球员们的进攻和防守不再遵循赛前的既定安排，他们需要自己即兴发挥来进攻和防守，而他们又没有受过这方面的训练，所以经常会表现出惊慌失措、一团混乱。这时候的防守方组织得很混乱，防守缺乏整体性，极其容易被对手得分。所以在乱战期内，进攻方若是可以迅速调整无序状态，组织起有计划的进攻，就可以很容易地从还深陷混乱中的防守方身上拿到分数。同样地，若防守方可以迅速组织起防守阵型就可以很容易防住对手此阶段的攻击。

2. 间隙期 (SPACES)

间隙期是指比赛中，球队有计划的进攻战术失败后一些小的时间段。间隙期通常发生在球队快攻但没形成投篮机会后、打既定进攻战术失败后、或者球队没打任何进攻战术时。这些情形发生时，计时器上面往往还有 12～19 秒的进攻时间。这段时间足够用来创造一次好的投篮机会，但若还是用来让全队打一个既定战术，恐怕是不够的。若是将一场比赛中所有的间隙期都汇总起来，结果是惊人的。对于一场 NBA 比赛来说，出现间隙期的次数为 49.5 次（说得再具体一点，发生在快攻后的间隙期次数为 16 次、战术失败后的间隙期次数为 19.7 次，而不打战术时的间隙期次数为 13.8 次）。在上述的这些情形中，大多数情况下的防守都是处于混乱之中的，很容易被对手得分。

3. 习得性表现 (LEARNED PERFORMANCE)

　　球员在打球过程中，若是他在做某个技术动作前要先想一想，而且在做这个技术动作过程中还要总想着怎么做才是对的，我们就把球员完成这个技术动作的过程称为习得性表现。它通常是指球员已经学会了某些行为，但还没有经过反复练习，还无法将其变为本能反应。习得性表现通常是缓慢的、机械的、没有任何创意的，很容易被防守队员提前预见到。经历习得性表现是每个球员学习过程所必须的。当然，习得性表现不单单指球员个人技术方面未能做到熟能生巧（譬如进攻中的空切技术），也可以指球队整体配合方面的不默契（譬如全队配合跑一项固定进攻战术）。遗憾的是，有一些球员，尽管经历过许多艰苦的训练和激烈的比赛，还是无法通过这个学习的初级阶段。他们在球场上做出的还是缓慢的习得性表现。这些球员可以称为习得属性球员，当他们打更高水平、更快节奏的比赛时，将会遇到大麻烦。

4. 本能表现 (INSTINCTIVE PERFORMANCE)

　　本能表现是建立在球员不断重复练习基础上的高级学习阶段后的自动化表现。球员们不需要思考，就可以很本能地在球场上移动、完成特定的技术动作、视具体的比赛场景而迅速调整、作出反应等等，这一切都发生得电光火石、浑然天成。球员已经内化了这个学习内容，完成这些都是靠无意识的过程。想想你在走路、吃饭、开车、骑自行车时也需要思考你是如何完成这些动作的吗？在这些过程中，你无需思考就可以自动调整。在打篮球过程中也需要球员有这种本能表现，这种表现是最高效的。教练需要让球员先习得某项技术，然后让其不断重复练习，直到将其本能化。

5. 原则框架下的进攻 (RULE OFFENSE)

原则框架下的进攻并没有明显的结构性，它是依照一些特定的进攻原则来组织球队的进攻，而没有规定死球员在场上的具体跑动路线。这些原则会明确限制或禁止球员做出某些进攻行为，也会鼓励球员的某些进攻行为，甚至明确要求球员在场上要做出某些进攻行为。这些原则都是很简单的，给球员自由发挥的空间。在比赛中，球员在这些进攻原则的指导下，依照当时发生的实际情形来自己创造进攻战术。这些原则是通用的，可以应对比赛中所出现的大多数情况，所以球员依据原则创造出来的战术也能够适应于大多数的比赛场景。尽管这种进攻可以被当做固定进攻战术来使用，实际上它并不需要固定的进攻落位。

6. 原则框架下的防守 (RULE DEFENSE)

原则框架下防守同前述的原则框架下的进攻类似。球队的整体防守以及球员的个人防守都遵循着一些既定的防守原则。这些原则具有普遍适应性，可以应对比赛中的各种情形：它既可以用来防守对方有组织的进攻，也可以应对间隙期内进攻方即兴发挥的攻击。原则框架下的防守可以非常有效地改善球队在间隙期内防守端的表现。

7. Monk 进攻

Monk 进攻是原则框架下进攻的一种，它是我们 Monk 体系的核心部分。它既可以在半场阵地进攻中来使用，也可以被用在间隙期内帮助球队从快攻失败、打既定战术失败又或者未打任何战术的情况下很顺畅地继续保持攻击。教练员精心准备和不断训练 Monk 进攻的目的就在于帮助球队应对比赛中的未知情景，尤其是间隙期内的比赛场景。

8. 固定战术 (SETS)

固定战术是指球队预先设定的进攻战术的集合，包含了球队所有的战术：给特定球员设置的进攻战术 (go to plays)，界外球战术，本方球队落后对手 2～3 分时的关键球战术 (need plays)，每节比赛时间快结束时的战术 (end of quarter plays)。球队破联防的进攻战术也属于固定战术的一种。所有的这些进攻战术都是用于半场阵地进攻情景下的。

9. 花样变化 (STUNTS)

一些教练将其称作进攻选择，我更倾向于称之为进攻端的花样变化，因为这个名字中蕴含了进攻者利用这些花样变化来迷惑防守方的含义。任意一种比赛场景中，进攻者都可以选用不同的花样变化来欺骗和迷惑防守者。我们会在后面的章节中来一一展示和解释这些进攻打法的多种花样变化。

10. 战术失败 (PLAY BREAKDOWN)

大多数球队都会有一些进攻方面的固定战术（详见前述），然而很多时候，球队打既定的进攻战术，但没有创造出投篮机会，这时候这个进攻战术就中止了，我们将这个过程称为战术失败。此时计时器上还剩下一些时间，这剩下的一小段时间就是我们所说的间隙期。此时，防守方的防守其实是很混乱的。在很多情形下，对于不熟悉球队的旁观者而言，识别出球队的进攻战术是否失败是一件很困难的事情。

11. 快攻没打成转换成阵地进攻阶段 (TRANSITION)

在我的研究以及这本书中,"快攻没打成转换成阵地进攻阶段"这个术语特指球队拿到球权发动快攻,但对方已经退防了,进攻方没有创造出投篮机会,而是马上转换成 Monk 进攻,继续攻击来试图创造投篮机会。这个阶段并不包含球队前面的快攻环节,而只是特指球队快攻失败后发生的部分:球队继续进攻和随后得到的投篮机会,就像前述的打固定进攻战术失败一样。

12. 未打任何进攻战术 (NO-PLAY)

在比赛中很多情况下,基于不同的原因,球队也会在进攻中没有打既定的战术。例如,发现对方有错位防守(mismatch)的情况时,进攻方就会直接将球打到占优势的队友手中。另外一种不打任何战术的情况:进攻球员抢到进攻篮板后,并没有立即投篮,而是将球再传出来给外线的队友,而且接下来,球队也没有再落好进攻位置、打特定的战术。读者们要注意战术失败和未打战术这两个类型间的区别。

第9章 Monk 进攻

Monk 进攻是 Monk 体系的核心部分，它在对方的防守混乱、无组织性的时候很有效。所以，我们提倡球队下面三种情况下使用 Monk 进攻：在快攻没有创造出投篮机会时、打固定战术失败也没有创造出投篮机会时、或者球队压根就没打任何战术时。由于 Monk 进攻不需要预先设定进攻球员的落位和进攻跑动路线，所以在上述的三种情况下，球队都可以立刻很顺畅地转换到 Monk 进攻中，继续攻击防守方，从而不给防守方更多的时间来重新组织起防守阵型。

在本书的第一部分我们已经充分论证了球队在比赛过程中的小间隙期的进攻表现对比赛结果有非常大的影响。Monk 进攻已经在实践中被证明可以有效地改善球队在这些时间段的进攻表现。然而，Monk 进攻的用途不止于此。

其实 Monk 进攻是有双重功能的：一方面球队可以在半场阵地进攻中使用，类似于使用其他固定的进攻战术一样；另一方面，也是最重要的，在前述的快攻或打固定战术失败后马上转入使用 Monk 进攻来继续攻击对手。球队最好能够掌握 Monk 进攻这种双重功能，无论在半场阵地进攻时还是间隙期内的进攻时，都能够熟练使用它。

在最初教授球员使用 Monk 进攻时，最好先从"如何在半场阵地进攻中使用 Monk 进攻"讲起。在这种半场阵地进攻的情形下，球员可以更好地理解 Monk 进攻的一些原则以及如何遵循这些原则去组织进攻。当球员熟练掌握了半场阵地进攻情况下的 Monk 进攻后，再学习在间隙期内使用 Monk 进攻的过程就会相对容易很多。我会在本章的后面部分对这一点进行解释。

前文已经提到三种间隙期内使用 Monk 进攻来继续攻击防守的情形：快攻失败后、打既定的进攻战术失败后和不打任何进攻战术时。

在一场比赛中，经常会出现上述三种情形。我们的研究表明，平均一场 NBA 比赛中，进攻方快攻失败的场景会出现 16.4 次，打既定进攻战术失败的场景出现 19.6 次，而不打任何进攻战术的场景有 13.7 次。也就是说，平均一场 NBA 比赛中总共有 49.7 次的机会去使用 Monk 进攻。这个数字还没有包括球队在半场阵地进攻中同样也使用 Monk 进攻的情形。

上述的三种间隙期情况下，留给球队的进攻时间是不一样的。一般来说，在快攻失败后，24 秒计时器上会剩下约 18 秒的进攻时间；在打既定进攻战术失败后，表上还剩下约 10～12 秒的进攻时间；而在球队不打任何进攻战术的情况下，表上剩下的时间最多可以有 20 秒，最少的则不足 3 秒。无论表上剩下的进攻时间有多少，在这些情形中，对方的防守都失去了组织性，处于一团混乱之中。正是这种混乱让进攻方有可乘之机。球队可以通过不断练习来熟练掌握 Monk 进攻，从而在间隙期内更好地创造得分机会。

若想理解 Monk 进攻，最先要解决的问题就是让球员理解 Monk 进攻所遵循的原则。咱们马上就介绍这些原则并对它们进行细致的解读。

第10章
Monk 进攻原则

1. 无球进攻队员 (AWAY FROM THE BALL)

- 去给无球队友做掩护——下掩护、弱侧掩护、背掩护。
- 空切——往篮筐方向空切、往持球人方向空切、往低位空切，空切时可以借助队友的掩护，也可以不用队友的掩护。
- 补位——接应持球的队友或者和队友间保持足够间距。
- 清空——给切入或突破的队友创造足够的空间。

2. 持球进攻队员 (WITH THE BALL)

- 投篮——有机会立即投篮，没有机会考虑下一条。
- 突破——突破到篮下上篮或者突破后跳投，没有机会考虑下一条。
- 传球——首先尝试传球给往内线空切的队友，没有机会就传给外围队友。

3. 所有进攻球员都要遵守的一般原则 (GENERAL RULES)

- 传球前先持球数3下再传，给队友必要的时间来完成空切。
- 帮队友做掩护的球员在队友空切后要移动（可以低位要球或弹出要球等）。
- 外线球员之间要保持一定间距，大概15～18英尺，约4.5～5.5米。
- 进攻球员只要不是在低位要球，就算作外线球员。

4. 进攻球员不假思索就要做的，也是必须做的 (AUTOMATICS，MUST DO)

- 传球后必须：空切或者给队友掩护或者补位。
- 处于三秒区低位或高位的进攻球员没有接到传球时，马上移动，不要在原地停留超过三秒。
- 处于弱侧的进攻球员要拉开空间，远离三秒区至少15英尺，即4.5米。
- 如果进攻队员被对方在前防守无法接到队友的传球，此进攻队员应马上反切篮下，然后切出补位或者给队友去做掩护。
- 一旦进攻方投篮，进攻方的2、3、4、5号位的四名球员抢进攻篮板，1号位球员回撤保护。

5. 进攻球员不能做的（禁止做的）(CAN'T DO)

- 不要给持球队友做掩护。
- 不要往持球队友的身后移动。

6. 解读 Monk 进攻原则

★ 无球进攻队员

- 为队友做掩护

进攻球员要积极寻找给无球队友做掩护的机会。我们会讲授四种掩护类型：下掩护、背掩护、底线掩护和弱侧掩护，并用图示的方式来解释它们的用法。在 Monk 进攻中，我们所强调的掩护和传统意义上的掩护有所不同。队员去给队友做掩护的目的并不是要完全挡住其对位的防守队员，而只是为了延误一下防守队员，方便队友的空切移动。我相信，进攻球员空切质量的好坏直接影响着 Monk 进攻的效果，而空切的质量好坏最主要取决于空切人而不是掩护人。传统意义上的掩护强调要将防守球员挡得严严实实，这样做实际上会减慢球队进攻方面的空切移动速度。同时，进攻方面想要将防守球员完全挡死，意味着攻防之间发生更多的、更强的身体接触，这样防守方面对进攻空切人的防守强度、身体接触程度也会相应增加，对进攻方面的空切移动造成不利影响。我们这里强调的快速掩护技术就是尽可能地让防守方受到进攻球员掩护的延误，跟不上进攻方队员的空切移动速度。

- 空切

进攻球员的空切是 Monk 进攻的最重要的部分。我们将用图示的方式来演示球场上各种可能的空切路线。我们鼓励队员不用借助队友的掩护就直接空切。而且，从弧顶位置往篮筐方向的空切移动尤其重要，因为对于进攻球员的这种朝篮筐方向的纵向移动，防守方需要立刻相应调整防守位置，这个过程中就容易产生防守混乱。

当球员在利用队友掩护进行空切时，需要根据掩护类型的不同，选择不同的切入时机。在背掩护时，空切人要吸引着防守他的球员，慢慢移动，将其带至掩护发生的位置上，然后迅速摆脱、空切。在下掩护或者边路掩护情形下，空切人先不要移动，同时吸引防守他的球员保持不动，等待队友上来做好掩护，然后迅速摆脱、空切。除了切入时机以外，另一个重点是教会球员使用不同的空切方式：常规的空切（regular）、贴着掩护队友的卷曲切（curl）、反切（back cut）、闪切（flare）以及"和掩护队友保持一定距离的卷曲切"（baby curl）。我们会在后面的章节图示这些不同的空切类型。球员要反复练习所有的这些空切手段，直到他们在球场上可以本能地、不假思索地做出这些动作来。

- 补位

补位是球员在球场上一种相对被动的移动策略，但对于球队的整体进攻来说，它也是非常重要的。补位意味着当持球队员未能攻击，而需要马上转移球，让球再运转起来的时候，要通过队友的补位来创造传球的接应点。补位的另一个作用就是让外围进攻队员之间保持合适的间距。教练尤其要注意不断提醒处于弱侧的进攻球员要保持间距，因为他们总是会无意识地往篮下扎堆，堵住了队友的突破和空切路线。

- 清空

清空听起来很简单，但如果希望球员能在球场上本能地做到这一点，就需要教练不断地强调和训练。清空三秒区的好处在于腾出足够的空间，方便持球人的突破或无球人的空切。球员需要有意识地去观察场上其他队友正在做什么，来选择清空的时机和路线。

★ 持球队员

- 投篮

当进攻球员接到传球后，他第一时间看看自己是否有空位出手的机会，所谓空位出手即防守方无法很好地干扰到进攻球员的投篮过程。如果第一时间没有出手机会，就不要再勉强出手了。所以球员要在接球前就要做好投篮准备。

- 突破

Monk 进攻的一个很大优势在于它是无法被对手预测的，所以能够在球场上创造很多突破的机会。突破是 Monk 进攻的一个重要部分。突破后能直接上篮是最好的选择，但有时候无法形成直接上篮的机会时，也可以选择突破后的急停跳投。我们不鼓励球员在突破后，选择移动中抛射(runner)的方式，因为大多数球员采用这种投篮方式时的命中率都很低。

- 传球

球员在接到传球后，第一时间看看有没有投篮和突破的机会。都没有，就要寻找传球的机会了。球员首先观察防守，寻找给空切的队友传球的机会。由于 Monk 进攻没有固定进攻套路，所以进攻球员的空切也是随机的，这就要求持球人要注意观察队友的移动。如果没有给空切队友的传球机会，就马上将球传给外围的接应队友，从而保证 Monk 进攻的继续。

★ 所有球员都要遵守的一般原则

- 传球前先拿住球、数3下再传，给队友时间来完成空切

在 Monk 进攻中，我们希望看到球员更多的移动，而不是球的过分频繁的转移。持球队员拿住球数3下，给队友一些时间来完成空切，从而能够把握住那些一闪而过的机会，将球准确地传给空切的队友。而且，基于 Monk 进攻的不可预测性，持球人拿住球稍微等一下就很有必要了，因为他也不知道他的队友会跑往何处。就我观察而言，球员们在场上往往太着急传球，丧失了很多得分良机。教练们需要有意地训练球员这方面的意识，让球员内化这条原则，在球场上本能地做到"持球时数三下再传出去"。

- 给队友做掩护的球员在队友空切后要移动

做掩护的球员在帮队友掩护、队友空切后应该马上移动，寻求接球攻击的机会，这时候他很可能会得到非常好的投篮机会，甚至比他空切队友的机会还好。空切人借助掩护空切后，掩护人应立即朝其空切方向的反方向移动，一般多是往高位弹出。掩护人移动时要注意同他的防守人拉开距离。掩护人也可能在空切人空切后，往低位去要位。这样，每一次进攻掩护，掩护人和空切人都各自创造出一个接球机会，尤其要强调掩护人掩护后的移动，因为它可以更大程度上增加 Monk 进攻的不可预测性。

- 外围进攻球员保持适当间距

这条原则强调球员之间尽量保持15～18英尺的间距（4.5～5.5米），这样可以清空篮下的空间从而为球员的突破和空切提供方便。因为，进攻球员总是倾向于往三秒区附近扎堆，这种现象会影响 Monk 进攻的效率。

- 进攻球员只要不是在低位要球，就算作外线球员

通过这条原则让球员养成"如果不是处在低位要球，就要马上离开三秒区，去外围或者高位肘区"的意识。许多球员很喜欢在三秒区里待着，不愿意打外线。教练则需要让所有的球员理解并执行这条原则，同时鼓励球员尽可能多地去高位肘区寻找接球的机会。以我使用 Monk 进攻的经验来说，当我们的进攻球员在高位肘区接到球后，Monk 进攻的得分效率最高。因为在这个理想位置上，球员可以很方便地传球、突破或投篮。

★ **进攻球员不假思索就要做的，也是必须做的**

下面的这些原则是球员必须要执行的，只要出现下述的比赛情形，球员们就必须严格遵守这里的规定，包括必须做的和禁止做的两大方面。再重申一遍，以下的原则是强制性的，球员在场上必须严格遵守。

- 传球之后的移动

球员在传球后必须移动，哪怕是去补位也行。对于防守方来说，其实是很难防住进攻方不断传切的。除了空切、补位，球员在传球后也可以去给队友做掩护。总之，传球者传球后不能待在原地，一定要移动。

- 低位要球的队员没有接到传球时，不要在原地停留超过三秒，要移动

进攻球员若是总在三秒区低位周围晃悠，就会使他的防守人也总待在三秒区内，从而不利于其他进攻球员的空切移动。所以这条原则强调低位要球的进攻队员在没有接到传球时，不要在低位停留超过三秒，应立刻离开三秒区。我们鼓励他们去给弱侧或弧顶的队友做无球掩护。

- 如果进攻队员被对方在前防守(overplay)无法接到传球，进攻队员应马上反切篮下，然后切出补位或者给队友去做掩护

进攻球员被防守方在前防守情景下阻断其接球时，进攻球员如果反复不停地做摆脱想接到传球，那么整个球队的 Monk 进攻就会慢下来。在这种情况下，球员应立即反切篮下，然后去给其他队友掩护或补位。这一点是非常重要的，教练们非常重视培养球员这方面的习惯，让他们本能地做到：一旦觉察到被对方在前防守，就马上反切篮下，而不是在原地同防守方纠缠试图接到传球。

- 一旦进攻方投篮，进攻方的2、3、4、5号位的四名球员抢进攻篮板，1号位球员回撤保护

我主张在 Monk 进攻体系下球队应当更积极主动地去抢进攻篮板。因为通常在这种情况下，对方的防守已经很混乱了，容易失去抢防守篮板球的位置，这时候有很多抢前场篮板并轻松得分的机会。当然，球员们并不能把积极去抢前场篮板当做不快速退防的借口，球员们依旧要尽量做到及

时退防来阻止对手的快攻。

★ 进攻球员不能做的（禁止做的）

球员在球场上的一些行动将会减慢或者妨碍全队 Monk 进攻的开展。接下来的这两类行为就会对球队的整体进攻产生不利影响，我们禁止球员做出以下两类行为。

・给持球人做掩护

给持球人做掩护会使比赛变成两个人的游戏，而剩下的三名球员就只是站在旁边当观众了。我希望全队都能参与到进攻中来，所以在球队中不允许球员去给持球人做掩护。

・不要往持球队友的身后移动

持球人通常是要面对球筐，或投或突或传。如果他的队友往他的身后移动，这样也会将防守者带到持球人的身后去。在这种情况下，持球人除了面对自己正面防守人之外，还不得不时刻小心身后的防守者，这会给他带来不利影响。

****

以上部分详细解读了 Monk 进攻的原则。下面这个章节，我们将来谈谈 Monk 进攻的一些教学理念。

第11章

Monk 进攻的教学理念

本章是本书中最难理解的一章，同时也是最重要的一章。Monk 进攻与其他进攻体系的不同之处在于它没有固定结构。在一次固定的进攻战术中，球员都有固定的进攻落位和跑动路线。每一名进攻球员都清楚战术该怎么跑，下一步会发生什么，自己又应该做什么。这种固定的战术安排因为它的可预测性会让球员和教练觉得很舒服，这是它的优点。但同时也是它的缺点，因为对手也会很轻松就知道我们所跑的战术。

在 Monk 进攻中，情况刚好相反。球队的进攻没有给球员规定固定的跑动路线和跑动时机。每一名球员都是根据正在发生的比赛情形来自由发挥、即兴表现。球队的进攻变得无法预知，球员也会失去因为可预知所带来的舒适感。这就要求球员用一种新的方式来打球，能够对比赛中出现的新情况做出快速应对。他们需要学会用本能去打球，而这种本能是需要经过训练来不断强化的。这一切似乎是很难的，确实很难。培养球员用本能打球很不容易，但还是可以做到的。而且，一旦球员习惯了用本能打球，他就可以很容易地就学会其他各种固定的半场进攻战术。

大家可以回想一下自己学骑自行车的经历。开始时，你的父母都会告诉你一些骑车需要掌握的要点。这些要点就是骑车的原则。想一想你最初几次练习骑车的场景：你控制不好平衡，车把来回晃动得厉害；你也不知道该怎么刹车、又或者经常踩空脚踏板。总之，让你一下子记住并能掌握所有这些要点是太难为你了。

然而，经过几周的练习后，你已经可以很自在地蹬单车逛街了，你可以很轻松地控制车把的平衡、及时刹车。这时候，你已经内化了骑车的原则，无意识地就可以做出来。你压根就不用再回忆父母告诉你的骑车原则就可以很自如地骑了。

学习 Monk 进攻的过程类似上述学骑自行车的过程。最关键的不在于球员们了解这些原则，而需要他们通过不断的训练去内化这些原则。在学骑车例子中，你经历了一个反复尝试错误的时间段。慢慢地，很多次练习后，你积累了经验，你骑得越来越好，这时候你对自己也越来越有信心。再后来，你发现自己不经意地就可以本能地骑车了，这就是最关键的部分：你不用在骑的过程中老想着那些需要注意的原则了。

要想球员能够很好地掌握 Monk 进攻，他们需要自己去体验这个本能学习过程。当然，这并不意味着教练放任球员在场上漫不经心地表现，而不加以纠正。这里强调的"让球员自己去体验的意识"是要求教练要有耐心，给予球员在练习中自由尝试犯错误的机会，他们需要这种反复试误的经历。要知道，球员在球场上本能打球的习惯并不能靠在教室里或讲座课上习得，唯有靠球员在球场上反复练习和教练员的指导。教练还要注意的一点是：在训练中，教练要多关注球员是否做到了你的要求，而不是纠缠于球员做的过程。也就是说，只要球场上的球员能够做到你的要求，你不用太在意他做的过程中的技术动作。因为，你只要给球员设定了明确的目标，球员也是在全力以赴地去反复练习，他总能找到适合他自己的、合适的技术动作去完成目标。

另外要注意的一点是：Monk进攻的练习过程或者比赛过程看上去并不好看。然而，作为教练，你一旦体会到它的威力后，你自然就会放弃那些形式上好看的因素。若是一支球队在比赛中都是打Monk进攻，我们会注意到他们的教练好像不用现场指导球员做什么，而只是坐在一边，看起来无所事事的样子。教练要意识到Monk进攻中，教练的指导都集中在训练时间里，到了真正比赛的时候，是球员们自己来根据已经内化了的Monk进攻原则，因地制宜地创造进攻战术。

教授Monk进攻时另一个重要的教学理念是给予球员自由。在场上，教练员应对允许球员们自由地去尝试各种进攻可能性，虽然很多尝试都以失败告终。这种试误的过程就是球员学习过程中的一部分。教练们经常会不由自主地去指导场上球员的具体跑位，一旦这么做了，就相当于给球员规定了具体的进攻战术而不是让他们自由发挥了。

所以，教练们给球员做指导或做纠正时要谨慎，掌握什么时候开口指点球员、什么时候闭嘴让球员自己去试误之间的平衡。教练的指导应当集中在：给球员指出他其实有很多种进攻选择、他应该遵守进攻原则、他应该反复练习一些特定的进攻技术等，而且教练尽量不要频繁地打断球员的练习过程。连续不间断地练习可以让球员更好地体会球队整体进攻过程。想做到上述的要求，教练就需要精心设计他的训练课。Monk进攻的训练项目要尽可能的简单而不是把它搞得复杂化。因为如果训练项目安排得很复杂，球员们在练习中就得老想着自己该怎么把这个复杂的练习跑对了，而这种不断要思考的过程就会阻碍球员的本能学习进程。

书店里有很多关于如何培养本能行为习惯的著作，大多都是很久之前的著作了。我建议教练们都要花些时间去研读它们，来帮助自己更好地理解人的本能学习过程。我推荐以下三本书：W. Timothy Gallwey 著的《网球的内在游戏》(The Inner Game of Tennis)，Kenny Werner 写的《不费力地掌握》(Effortless Mastery) 和 Eugen Herrigel 著的《箭术与禅心》(Zen in the Art of Archery)。这三部书都不是以篮球为主题的，分别涉及网球比赛、钢琴表演和箭术三个不同领域，但它们的共同之处在于：都是讲述如何培养人的本能行为表现。

球员只有充分相信了自己的本能行为，他们在场上才可能打好 Monk 进攻。如何能够使球员对自己在球场上的本能表现充满信心呢？需要做到下述的三条：第一条，教练给球员设置清晰明确的目标 (a clear vision of the result desired)；第二条，教练给球员自由去尝试达到目标的不同方法；第三条，一旦找到了适合自己的方法，球员需要反复不断地高强度练习直到自己可以本能地做出来。

球员自己去体验学习而不是教练强加，同时反复练习适合自己的方式去达到教练的要求，最终球员学会了在球场上依靠自己的本能去打球，他们在场上会表现得很轻松、快速和高效。

就我个人而言，我坚信这种本能打球的习惯会有效地帮助到球员。如果球员不能在球场上靠本能打球，那么他恐怕不能胜任高水平的比赛。我会向勇于尝试此类教学方法的篮球教练致敬，因为培养球员这种本能习惯，不仅有利于他们在球场上的表现，也会对他们的生活产生有利影响。

第12章 Monk 进攻教学

本章所讲述的内容可能会让大多数打算练习 Monk 进攻的教练打退堂鼓，因为在球队整体进攻练习过程中，教练们不能要求球员跑既定的进攻路线、打既定的进攻战术。他们需要掌握一种全新的训练理念，教练们要耐心地慢慢学习这种新理念、理解它、转变自己原有的理念和习惯，进而信任它、遵守它、忠实地执行下去。教练们培训球员打 Monk 进攻并最终取得成效需要花费很长的时间，但如果球员和教练真正能够持之以恒地坚持 Monk 进攻的练习，最终球队也会得到理想的回报。

在前面的章节中我已经提到，教练员在让球员信任 Monk 进攻体系之前，首先得自己发自内心地相信 Monk 进攻中所强调的本能打球的重要性。然后，你要愿意投入很多时间和精力来学习如何将身心合一，用心（本能）来支配你的行为。球员在球场上靠本能打球的表现就是如此。教练需要花心思去琢磨这方面的教学内容，这对于他自己和他的球队来说都非常重要。

在给球员介绍 Monk 进攻时，首先要让他们有关于 Monk 进攻是如何组织的一个整体概念，所以我们首先采用球队整体性的练习项目而不是分解的单项练习。我们提倡从整体到部分的教学方法。先呈现整体框架，再分解成各个小部分去练习。所以，这里我们把 Monk 进攻当做球队半场阵地固定进攻战术的一种来讲解。

球员们接受了 Monk 进攻整体方面的介绍后，在接下来的分解练习中他就会很容易地搞清楚各个练习部分同整体之间的关系。我们首先这样安排球员的半场进攻落位：两名后卫处在弧顶三分线外左右两侧，两名侧翼球员处于球场的三分线外左右 45 度区域，一名球员落位于高位肘区，如图 12-1 所示。

尽管比赛中球员是在不停移动、不会始终停留在一个位置上，但还是有必要让球员在发动进攻前都落在正确的位置上。处于高位肘区的球员要始终落位在有球的一侧（强侧）。两名位于弧顶三分外的后卫之间要保持适当间距（三秒区两条边线延长线间的距离），他们之间可以互相传球，这样很容易将球

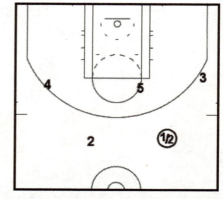

图 12-1　高位肘区的 半场阵地进攻落位

从一侧转移到另一侧。两名侧翼球员开始时先落位到底角，等后卫发动进攻时，迅速移动到侧翼 45 度接应后卫的传球。

接着，如图 12-2 所示，持球的后卫传球给同侧的侧翼球员，然后往篮筐方向空切。这次空切是非常非常重要的，它会使防守方产生一些混乱。因为防守方需要马上做出相应调整来防守这个空切进攻球员，以防他空切过程中接球直接上篮。

在这次空切篮下后，场上的球员们就可以自由地进攻了，前提是他们需要遵守第十章提到的 Monk

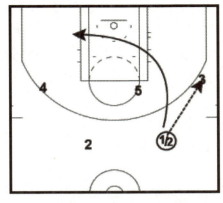

图 12-2　高位肘区的半场阵地进攻发动

每次发动Monk进攻，都是从后卫传球到侧翼然后空切篮下开始，这次传切会搅乱对方的防守阵型。所以我们将这次传切视为发动Monk进攻的信号。

进攻原则。只要是在进攻原则允许的情况下，球员们自己选择做的任何一种进攻行为都是对的。我知道上面这两句话会给大多数教练带来困扰，他们会担心这么做带来的后果。但请勇敢地尝试吧，给球员们机会来自己组织进攻。

接下来，教练要耐心地给球员具体解释并演示如何在场上实际运用这些进攻原则，这要花上挺多的时间，同时球员也需要一些时间来消化。即使教练员提前将进攻原则打印出来发给球员，教练员也同样需要现场来解释和演示，不要想当然地以为球员已经读过并理解了这些原则。就我个人而言，我不会在这个阶段就把进攻原则打印出来给球员。

上面的部分都还简单，真正难的部分开始了：将球员分成 5 人一组，每组拿一个球。第一个五人组上场练习 Monk 进攻，其中的一名后卫在中线附近拿球组织进攻，其余四人按照图 12-1 的方式落位。持球后卫传球给侧翼球员后马上空切篮下。随后球员们就自由地进攻，这项练习中没有设置防守队员。教练员则关注场上球员的自由行为是否遵循 Monk 进攻的原则。不要期望球员很快就能运用好这些原则，他们需要反复练习很久才能真正自如地运用这些进攻原则。教练员要做的就是观察球员的表现、谨慎地提醒球员去大胆运用原则来进攻，同时告诉球员他可以有很多种进攻选择。

教练们通常会倾向于把球队分成多个组后，各个组都分散到不同的场地去练习，这样的话，每个组都不必在场下等着，每个组都能练更多次。但，请不要这么做。教练员把所有的组都集中在一个场地中，每个组都轮转着上场练习一次。因为，我希望所有的球员在 Monk 进攻的练习阶段都接受来自同一个人的、同样的指导。这种方法会有点儿耗时间，但它的效果更好。

在很多次的无防守的 Monk 进攻练习后，教练可以安排在练习上加上 5 名防守队员。每个组上场练一次，然后轮转到下一组，这样每组球员的练习时间都是一样的。若有两组球员，则一组进攻一组防守，一次练习后，进攻组和防守组互换。若是有三组球员，则一组进攻一组防守，一次练习后，原先的进攻组变为防守组，原来的防守组下场休息，场下的一组上来充当新的进攻组。这样轮转起来，练习就会很流畅地进行。

开始阶段，球队练习 Monk 进攻时的场面会很难看。场上的球员会将进攻原则忘得一干二净，在场上不知所措。他们不知道该怎么组织进攻和创造进攻机会。这时候需要教练耐心地指导、鼓励和纠正。有些球员在场上会指挥其他队友的跑位，教练员应该马上制止他这么做。因为指挥的跑位就不是 Monk 进攻了，就是固定的进攻战术了。所以，教练员在指导球员时也要十分谨慎：你不是训练球员打特定的进攻战术，你不用告诉球员具体该怎么打，你只需要给球员指出"多种可能的进攻选择"。球员每次打 Monk 进攻，无论是训练中还是在比赛里，场上的情形都是不同的。他们最终需要学会的是运用原则来自己创造进攻战术，所以在 Monk 进攻练习的早期阶段，教练关注的要点在于球员能否真正理解这些进攻原则。

经过 Monk 进攻整体练习的这个最初阶段，球员开始对 Monk 进攻有个整体性的了解了。然后，我们会将设计一些 Monk 进攻的分解练习，这些练习的目的在于训练和完善球员的一些进攻技巧，这些技巧对于打好 Monk 进攻来说都是必须的。当球员反复练习这些分解性的进攻项目后，他们再练习整体的 Monk 进攻项目时就会顺手很多，Monk 进攻的威力也会慢慢显示出来。然而，令人惊奇的是，就算是在 Monk 练习的最开始阶段，场上的球员尽管还不太熟悉 Monk 进攻的原则，但他们往往还是能创造出不少空位投篮的机会。

在第一天的 Monk 整体进攻练习后，教练们可以慢慢将一些 Monk 进攻的分解性练习项目逐步加到训练计划中。要注意，在添加这些训练项目时要一步一步地来，我根据自己的经验，列出了我认为最有效的这些分解性练习项目的添加顺序，教练们可以参照使用。

> （1）Monk 空切：这是Monk进攻体系中最重要也是最有效的进攻技巧，教练员应当首先练习这类训练项目，尽快使球员掌握这方面的进攻技巧。
>
> （2）弱侧掩护空切：这个练习项目的目的在于让处于弱侧的进攻球员融入到球队的整体进攻之中。它是一项很好的Monk进攻的分解练习项目，但教练员不能太迷恋它，因为它通常并不能创造最好的进攻机会。
>
> （3）下掩护空切：在这项练习中，球员需要花很多时间来掌握不同空切的花样变化，从而能在比赛中因地制宜地灵活使用。
>
> （4）劈切：进攻球员经常在将球传给低位队友后忘记迅速移动。这项练习将帮助球员来提高这方面的意识和能力。
>
> （5）背掩护空切：球员经常想用这个技术，但实际上在Monk进攻中它的用处不大，所以教练把它放在后面来介绍。
>
> （6）底线掩护空切：我并不希望过早地将这个练习介绍给球员，但可以在球队 Monk整体训练中提醒球员先注意到这方面的技术应用。

教练不要一下子教球员很多新的训练项目，要慢慢来，最好是等球员们对一个训练项目所要练的进攻技巧已经掌握到一定火候后再介绍新的训练项目。将有限的几个训练项目不断反复练习，在这个过程中，球员们慢慢会习得本能打球的习惯，而教练也会更加透彻地理解、使用甚至自如地微调这几个训练项目。总之，尽可能地将训练安排得简单，然后不断重复。

球员每天都要练习 Monk 整体进攻项目，包括不加防守的和加防守的。他们会在这个不断练习过程中不断地体会 Monk 整体进攻的精髓以及如何在整体进攻的框架下来使用个人技术。同时还有另外一些练习项目在后期需要添加到训练中，我们会在随后的章节介绍。

第13章

Monk 进攻的球队练习

1. 项目

每天都有必要练习这些分解性的训练项目，不必每天都练很多，但教练需要根据自己球队的训练情况来合理地安排这些训练项目，目的是希望球员能够完全掌握它们。而一旦球员熟练掌握这些训练项目所要求的进攻技巧，他们练习这些项目时就会很快，尤其是不加防守队员的训练项目。

Monk 进攻的三项最重要的分解练习分别是 3 打 3，4 打 4 和 5 打 5。这些训练项目注重培养球员的整体进攻意识，帮助他们学会如何在球队整体进攻的框架下使用进攻技巧来组织进攻。我们下面就来一一介绍它们。

2. 3 打 3 练习

这个训练项目非常棒，它非常有助于培养球员在场上的创造力，但同时这个练习也很考验教练的训练水平。在练习中我会给每个三人练习组都安排一个大个子球员和两名外线小个子球员，让组与组之间的实力保持均衡。大个子球员在这个项目中也要练习打外线。第二天再练习这个项目时，我会将球员们再重新分组，这样做的好处在于让球员学会和不同的队友合作。

刚开始练习这个项目时，球员会不太清楚在场上该做些什么，打得笨手笨脚。但只要球员是在运用 Monk 进攻原则来进攻，教练就尽量让球员在场上按自己的想法自由表现。教练要注意等待合适的时机，在某个特定进攻场景出现时，给球员解释在这种场景下，运用进攻原则可以创造出哪些潜在的进攻机会，并给球员指出在原则框架下的其实有多种进攻选择。教练要耐心地观察，球员在练习中经常会出现图 13-1 中的场景，你可以参照图 13-1 中的解释给球员相应的指导，但要注意告诫球员不要次次都按照图 13-2 上的解释来跑位，那样做的话，球员实际上就是在打固定的进攻战术了，而不是练习 Monk 进攻了。

在整个练习过程中，教练要自始至终地鼓励球员去发挥自己的想象力组织进攻。所有的球员都集中在一块场地里练习，这样场下休息的球员可以观察场上球员的进攻表现，同时也可以听到教练员是如何指导场上队员的。场上的球员练习时经常会出现一些有趣的场景，教练员要鼓励大家去探索原则允许下的各种进攻可能性。由于场上是3打3，所以这个练习将会让球员深刻理解补位原则的重要性，培养他们这方面的球场比赛意识。而且3打3的练习留给队员突破的空间很多，所以这项练习也有助于培养球员突破方面的自信心。

最后，这也是个很好的防守练习。防守方的三名球员应该运用球线防守原则来进行整体防守（译者注：这些防守原则将会在本书的第21章介绍）。防守队员在练习中需要做好控制持球人的突破、干扰对手的投篮和争抢篮板球。

这项练习的一个教学要点在于：教练需要能够同时观察到场上攻防两方面的表现。这就需要教练积累这方面的经验。如果作为教练，你目前还无法做到兼顾攻防两方面，可以找助理教练帮忙，让他负责观察防守球员的表现。其实，大多数教练在这个练习中只注意观察进攻球员的表现，而忽视了监督防守球员的表现，这会让防守球员养成不好的防守习惯。所以，尽管是一项进攻训练项目，教练依旧要重视防守球员的表现。

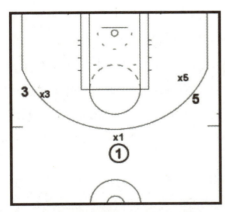

图 13-1　Monk进攻　3打3练习（1）

持球队员从中场线发动进攻，将球传给侧翼球员后空切篮下，然后球员遵循原则来组织进攻。防守球员应当遵循防守原则来组织防守。

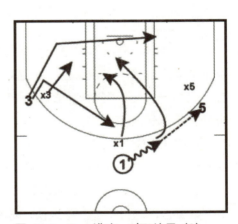

图 13-2　Monk进攻　3打3练习（2）

在弧顶的球员1空切后，弱侧侧翼位置的3应该移动去补上1离去后的空位或者做溜底线空切到强侧低位。球员们可以继续按照自己的想法来组织进攻。

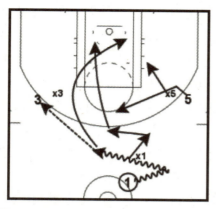
图 13-3　Monk进攻　3打3练习（3）

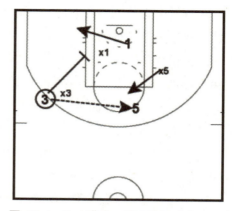
图 13-4　Monk进攻　3打3练习（4）

教练员可以指导球员参照本图来组织进攻，但这只是一个例子。不要让球员每次都跑同样的进攻路线，这样的话，球员就是在练习固定进攻战术了，违背了Monk进攻培养球员即兴发挥能力的宗旨。

这是利用下掩护空切时的多种变化花样，来制造进攻机会的一种进攻跑位方法。

3. 4打4练习

这是 Monk 进攻体系中非常重要的一个练习项目。我执教球队时，在整个赛季里，差不多每天都安排这项练习。这个练习过程中，教练有许多机会来指导球员，帮助他们运用进攻原则来发现场上可能出现的各种进攻机会。相比较5打5来说，4打4时球场上的球员的活动空间更大，教练也可以很方便地觉察到球员在场上的错误和创造出的进攻机会。同样地，这个练习也能够培养球员的防守能力。

在给球员介绍这个练习项目时，教练员尤其要注意球员在场上的打球节奏，要告诉球员不要节奏太快，不要匆匆忙忙地处理球或急匆匆地乱跑，这样容易忙中出错，而且也会错失很多一闪而过的机会。教练在这项练习中要不断强调进攻原则中的一条——持球人拿住球数三下，让球员去遵守这条原则并不断体会这条原则发挥的作用。教练员不应当将自己认为的更快的打球节奏强加在球员头上，而是让球员在场上找到适合他们自己的节奏。当然，这也并不意味着教练员放任球员在场上散步着来比赛。

这项练习同样也可以很好地被用来指导球员选择合适地投篮机会。练习中会不断产生投篮机会，球员可能不加分辨地就投篮了，这时候就需要教练非常及时地辨识出球员不好的投篮出手，马上指出来并纠正。教练要清楚：同样一个出手机会，可能对某个球员是很好的出手机会但对另一名球员来说，并不是个好机会。教练员要清楚每名球员合适的出手机会究竟是什么。

在将球员分成4人小组时，不要过多地把打同一位置的球员放在一个组内。尽量让上场的4名球员各自打的都是不同的进攻位置。

图13-5是这项练习时进攻落位，图13-6演示的后卫传球给侧翼后空切篮下。图13-7和图13-8都是接下来供球员选择使用的进攻变化，注意它们只是无限多种进攻选择的一种而已。教练员不要让球员每次进攻时都按照图13-7和图13-8的方式来跑动。在这个练习中可以有无限多种进攻跑位路线，球员们要学会自己去创造，这样会给防守方施加很大的压力，因为他们无法提前预知进攻路线。另外，教练要能及时察觉到球员经常反复使用的进攻跑位路线，发现它，但并不一定要立即纠正它，尽量保证训练过程的连续性，找到合适的时机再给球员以指导，鼓励他们尽量多地去自由尝试、发掘更多新的进攻机会。

图13-5 Monk进攻 4打4（1）

4打4的进攻落位类似5打5，持球的队员必须设法将球传给同侧的侧翼球员。这两名球员需要不断练习找到传接球的默契。后卫传球后马上空切篮下。

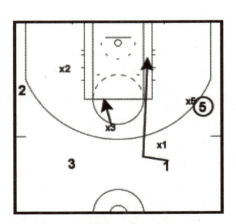

图13-6 Monk进攻 4打4（2）

往侧翼的传球和随后的空切是发动Monk进攻的标志。之后，球员可以按照自己的想法自由地组织进攻。

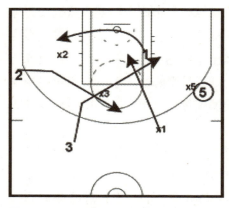
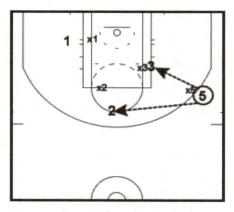

图 13-7 Monk进攻 4打4（3）　　　　　图 13-8 Monk进攻 4打4（4）

这是一种在后卫传切后的可选择的进攻路线，包含连续的两次弧顶空切。球员3应当在球员1离开篮下低位位置后再空切，同样地，球员2要观察球员3的空切时机，等球员3空切后马上移动，然后球员1去补球员2之前所处的侧翼位置。

侧翼的持球队员5有两个传球点，他也可以选择突破。

4.5打5练习

　　5打5的练习是Monk进攻体系下的常规练习，之前的3打3和4打4练习都是给这项练习打基础的。我们前面介绍Monk进攻的整体框架时已经讲了5打5练习的进攻发动时的落位：两名后卫处在弧顶三分线外左右两侧，两名侧翼球员处于球场的三分线外左右45度区域，一名球员落位于高位肘区。后卫传球给侧翼然后空切篮下来发动Monk进攻，在后卫空切后，球员们就不用拘泥于特定的进攻位置了，可以自由创造进攻战术。

　　在5打5练习时，我会将全体队员都集中在一个半场，分组上场、轮转训练。我们在后期的训练中也会安排全场5打5的模拟比赛，但在球员最开始练习5打5阶段，我需要让所有的球员都在同一个半场进行练习。

　　随着练习的不断深入，我会在半场的5打5练习里加上24秒计时，来模拟比赛场景。球员慢慢学会如何在24秒的时间内组织Monk进攻，同时也培养了他们在场上的时间意识。

在整个赛季的中期，球员已经慢慢熟悉了 Monk 进攻，可以自如地运用它了。这时候我会在 5 打 5 的半场练习中给他们提出特定的要求。比如，我可能会要求场上的所有进攻球员不许运球来组织 Monk 进攻。或者有时候，我会要求：Monk 进攻时，球最后要由特定的某个球员来完成投篮，这意味着场上的球员要注意观察，在那位特定的球员处于合适的投篮机会时，将球及时传到他手中。又比如，我会规定这次练习最后的投篮类型，必须是上篮、低位要球进攻、急停跳投或者突破中的一种。我还可以将特定球员和特定投篮类型这两方面的要求结合在一起，场上的球员就需要组织进攻来给特定的球员创造特定类型的投篮机会。当球员可以很熟练地在场上完成这些要求时，他们打 Monk 进攻的水平又上了一个台阶。

本部分并没有 5 打 5 练习的图示，因为它和我们之前讲半场 Monk 进攻落位的图是一样的。

5. 半场接全场的 Monk 练习

为了让球员能够习惯在全场的比赛情境下使用 Monk 进攻，我使用"可随时暂停的教学比赛"的形式来进行这项半场接全场的 Monk 进攻练习。A 队首先持球组织半场阵地进攻，他们打 Monk 进攻，B 队防守。当 A 队失去球权后（投篮得分、失误、被对方抢断、被对方防守篮板），A 队马上防守。B 队由守转攻，打一次全场的进攻，他们可以选择快攻，也可以将球快速推进到前场然后打阵地进攻或者慢悠悠地组织进攻。B 队的这次全场进攻结束后，教练暂停比赛，球权再次回到 B 队手中，由 B 队来持球组织半场阵地进攻，相应地 A 队防守。在 B 队的这次半场进攻结束后，A 队拿到进攻球权，打一次全场的进攻，同样的他们可以选择快攻也可以将球快速推进到前场然后打阵地进攻或者慢悠悠地组织进攻。A 队的全场进攻结束，然后教练暂停比赛，球权再次回到 A 队手中来组织半场阵地进攻，如此反复循环。

每支队伍在一次练习中都有一次半场进攻和一次全场进攻的机会。教练员要注意在那次全场进攻结束后暂停比赛，把球权再交回给刚刚打全场进攻的球队手里，让他们再打一次半场进攻。在实际的训练中，球员和教练经常练着练着就忘记了该是哪支球队的球权，所以最好指定一名工作人员来专门记录每回合球权的归属。

这个练习中，教练可以通过上述的暂停机会来指导球员在场上的表现。据我的经验来说，这个模拟实战的训练项目非常有助于帮助球员来改进他们的进攻和防守的各个方面。

除了用它来练习 Monk 进攻，当球队在练习一些固定的进攻战术时，我也会用这种半场接全场的练习方式。当然，在最开始，我首先用它来让球员感受全场 Monk 进攻在比赛间隙期中的作用。

通过这种半场接全场的训练形式，我可以模拟各种比赛中出现的场景，从而让队员去体会如何在这些场景下打球，以此不断地改进自己的进攻和防守。同样也可以以这种方式来安排 4 打 4 的练习。

****

以上部分就是对 Monk 进攻的详解。到目前为止，我们介绍的 Monk 进攻更像是球队的一个固定的进攻战术。我的经验是：在刚开始练习 Monk 进攻时，最好的方式就是将其运用在半场阵地进攻的情境下。因为在这种场景下，球员们最容易去理解 Monk 进攻原则、掌握 Monk 进攻所要求的一些进攻技术并且在一个整体进攻的框架下来开展 Monk 进攻。而且，在半场阵地进攻情境下也同样会鼓励球员去在原则框架下发挥自己的创造力，在场上即兴发挥。

教练慢慢会发现将 Monk 进攻当做球队半场阵地进攻战术的一种来使用，球员们接受起来更容易。而且，教练们也会注意到，在某些情况下，Monk 进攻会是球队最有效的半场阵地进攻战术。我当时执教时就发现了这一点，尤其是当你的球队和另一个球队打系列赛的时候，例如季后赛情形下。在这种情况下，对手会非常仔细地研究你球队的各种进攻战术，并进行有针对性的防守。Monk 进攻的优点在于它的不可预测性，所以你的对手就无法提前做有针对性的布置。Monk 进攻在季后赛的比赛中帮了我很大的忙，在其中的一场比赛中，我们球队整场比赛都在打 Monk 进攻，最终拿下了这轮系列赛。

Monk 进攻有双重功效：第一，球员可以在半场阵地进攻中使用它；

第二，球员也可以在比赛过程中的间隙期内使用它。算上这两类情况，一场比赛中，球队使用 Monk 进攻的机会至少会有 30 ～ 40 次。它是球队进攻体系中必不可少的一部分。我们将会在后面的章节里介绍如何在比赛过程中的间隙期内使用 Monk 进攻。

Monk 意味着不可预测性的进攻，但另一方面，我也认为球队需要练习一些固定的进攻战术来作为球队整体进攻体系的有效补充。我并不主张球队在比赛中只打 Monk 进攻，因为 Monk 进攻要求场上的球员始终保持足够的专注度，根据场上的形势来随机应变、即兴发挥，全场都打 Monk 是对球员体力和脑力的极大挑战。

我总是先教球员打 Monk 进攻，然后再教他们打一些固定的进攻战术。如此安排的理由如下：第一，球员在练习 Monk 进攻中所习得的个人技术同样适用于我们一些固定的进攻战术，只有一个是例外的：挡拆（screen and roll）。这种对技术要求的一致性也更方便球员去快速学习那些固定的进攻战术。第二，球员先学会打 Monk 进攻，这样当他们在学打固定进攻战术时，战术没打成，他们就会很自然地接着使用 Monk 来将进攻延续下去，这就是我们所说的在间隙期内打 Monk 的一种表现。一般说来，我们会先练 5 到 6 次的 Monk 进攻，然后开始学习一些固定的进攻战术，但这是针对职业球员或者大学球员而言的。对于水平更低的球员来说，非常有必要让他们进行更多次的 Monk 练习，熟练掌握 Monk 后，再学习新的固定的进攻战术。

对于球队去练习和使用 Monk 进攻，我还想提一点。学习和使用 Monk 进攻将会改变你的球员对篮球比赛的理解，甚至对生活的理解。因为 Monk 进攻不断地要求球员去完善一些整体进攻的技巧：如何无球跑位、怎样寻找高命中率的投篮机会，该怎么去打整体篮球，这一切都会有助于提高球员的篮球智商，让球员变得更好、更全面。而且这些篮球技术不会随着球员身体机能的下降而下降，相反，随着经验的积累，会用得越来越纯熟。同样，教练员在学习和使用 Monk 进攻的过程中也会转变许多以前的想法，他们对篮球比赛的理解也会更进一步。

第14章

Monk 进攻的技术练习

1. 项目

在本章中我将介绍一些进攻技术的练习，它们很大程度上影响着我们 Monk 进攻的效果。球员必须一遍又一遍地反复练习这些项目。教练员最好的做法便是，将这些项目逐个地介绍给球员，不要一下子塞给他们太多。这些练习项目设置的都很简单，球员可以很快就熟悉练习的形式，这样他们就可以把注意力更多地放在去磨炼练习中所强调的进攻技术上，而不是被练习项目复杂的形式所困。

同之前的球队练习项目不同，本章的每个进攻技术练习项目都旨在教授球员一项进攻技术。要注意，这里谈到的"教授球员一项进攻技术"，其实是一组相关联的进攻技术组合。我们所有的练习都与球队整体进攻密切联系在一起，同时又专注在某一个特定的技术组合。比如，在下掩护练习中，我们练习的重点在于空切球员使用的五种空切方式和掩护队员掩护后相应的五种跑位方式。下掩护只是我们整体进攻的一小部分，但球员在使用它时，就可以有很多进攻技巧来选择使用，这些进攻技巧（五种空切方式）都是相关联的，球员可以通过下掩护这个练习来学习这一组进攻技术。这种"每个练习项目教授球员一组相关联的进攻技术组合"的做法是我们进攻体系的很重要的组成部分。

在本章我会用图示的方式来解释我们的各项练习，每项练习都对应一组图，从中可以很清楚地了解到我们的练习是如何组织的以及该项目所对应练习的进攻技术。

这些练习项目看起来都很简单。教练们总是喜欢更复杂的练习项目，因为在教授球员练习复杂项目时，球员总不能搞明白，教练就需要不停地纠正，这样看起来教练更像在辛苦的工作中。但问题在于：球员究竟能通过练习学到了什么？Monk 体系中所设置的训练项目都旨在帮助球员去不断地体会自己该如何去达到教练所提出的要求，去不断地尝试错误来找到适合自己的方式。这些训练项目不是为了让它们看起来很好看或者为了娱乐球员。球员不断地重复练习这些项目，最终是希望能够在球场上本能地打球。所以，我们尽量让练习项目很简单，球员可以很快地就熟悉掌握它。

这些训练项目也不需要每天都花上非常多的时间来练习。关键是必须每天都练，但每天练的时间都可以很短。教练要强调球员练习时的专注度。当队员可以很轻松地做出正确的技术动作完成这项练习后，就可以学习下一个练习项目。不要让每个训练项目的练习时间拖得太久了。

关于以下介绍的训练项目，有两个需要注意的地方。

第一，教练员不要为了让训练更有趣一些，而随意地改变这些训练项目的内容。这里的每一个练习项目都有其特定的目的，可以帮助球员来发展并本能化某项特定的进攻技术。一旦教练员哪怕只是将训练项目改变了一点点，也可能会影响最后的练习效果。

第二，教练员自己要在指导球员练习这些项目时充满激情。你要全身心地投入。即使你的球队已经练了几个月同样的训练项目，你依旧要在每次练习中全神贯注。你工作的目的是通过每日的反复练习，让所有的球员都能够在比赛中本能化地运用这些进攻技术。在 Monk 体系的训练中，教练员不应当满足于自己的球队干得不错，而应当激励自己和球员不断地去追求卓越。

2. Monk 空切

空切是我们最先需要练习的进攻技术。它对于 Monk 进攻来说至关重要。下面的图中显示了球员在场上各个位置的空切移动路线。而在实际的比赛中，这些位置并不是一成不变的，因为 Monk 进攻并没有明确要求队员固定的跑动路线和位置。但这些练习却可以帮助球员去体会在球场上空切时的各种方向、角度和距离感，所以球员们非常有必要去每天练习这些训练项目，帮助他们增强空切时的方向感、距离感，以及完善各种各样的空切技术。教练员不要操之过急，在最开始的练习阶段，这些进攻练习是不需要加防守人的，等球员最终可以在场上本能地做好各种空切时，再提高难度，在练习中加上防守队员。

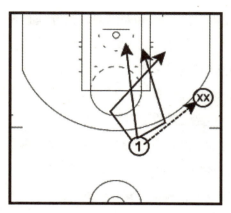

图 14-1　Monk空切（1）

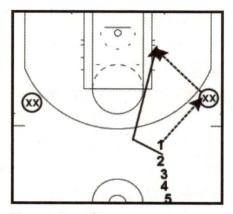

图 14-2　Monk空切（2）

球员从弧顶位置空切时有图中所示的多种路线。侧翼位置上的"带双X的圆圈"图标代表教练员，刚开始练习的时候，我建议都是由教练员来给球员传球，这样可以保证传球的质量。球员应当掌握图中所示的所有空切路线。

队员在弧顶右侧站成一列，手上都拿球，球员1将球传给侧翼的教练，然后往篮下空切，接到教练的回传球，上篮。球员可以选择图14-1中的各种空切路线。球员需要快速地传球空切上篮并自己抢篮板球，然后去弧顶左侧排成新的一列。

图 14-3　Monk空切（3）

图 14-4　Monk空切（4）

球员需要掌握从球场弱侧发起的空切，大多数的时候，进攻都是从弱侧侧翼的位置来发动。教练同样担当传球者。

球员在弱侧侧翼站成一队，人手一球。球员1将球传给对面侧翼的教练，空切，接教练传球上篮，并自己抢篮板球，再回到队尾。同样地，球员可以选择图14-3所示的各种空切路线。

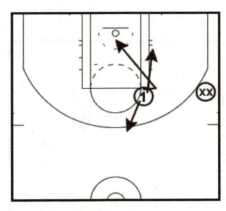

图 14-5　Monk空切（5）

从高位肘区位置发起的空切路线通常有三个，所有的球员都要掌握它们。最主要的空切路线是去低位要球。

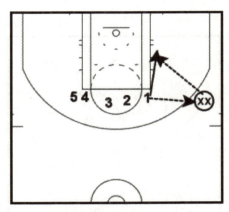

图 14-6　Monk空切（6）

球员在高位肘区站成一队，人手一球，将球传给同侧侧翼的教练，空切接教练回传球，然后上篮并自己抢篮板球，然后回到队尾。

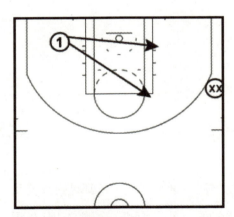

图 14-7　Monk空切（7）

从这个位置发起的空切路线选择也是有限的，但球员要熟练掌握它们。球员空切前摆脱对位防守球员的速度要快。

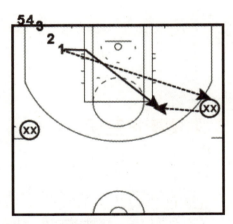

图 14-8　Monk空切（8）

这个练习类似之前的练习4，球员需要掌握这两种空切路线，球员在上篮并抢到篮板球后去对侧的同样位置站成一队。

图 14-9 MONK空切（9）

从低位发起的空切路线选择是有限的，但同样需要球员熟练掌握。

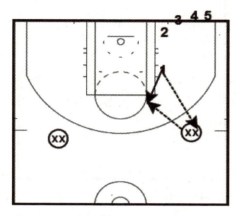

图 14-10 MONK空切（10）

球员也是先在一侧的低位站成一队，在传球空切接球上篮抢篮板球后，去另一侧的低位站成一队。

3. 弱侧掩护空切

　　弱侧的进攻球员可以使用这种空切方法，通常情况下，都是弧顶的队友去给他做掩护。这种掩护属于边路掩护的一种，所以，弱侧空切队员需要吸引他的防守者，等待队友跑过来给自己做掩护。一旦队员做好了掩护，空切人就需要用假动作来迷惑防守自己的球员，可以是假装往底线走再突然往弧顶空切，也可以假装往弧顶走再突然往底线空切。空切人有五种不同的空切变化花样。练习这个项目时，先不要加防守人，等球员反复练习

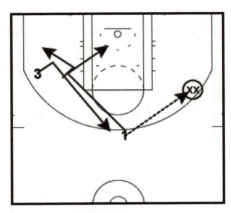

图 14-11 弱侧掩护空切（1）

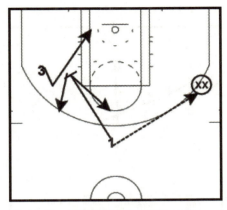

图 14-12 弱侧掩护空切（2）

最基本的弱侧掩护空切的形式。弱侧侧翼的球员3借助队友1的掩护后，切向弧顶方向。而1在为3掩护之后，马上往底角弹出或往篮下空切。传球者既可以传给空切球员3也可以传给掩护后跑位的1。

弱侧掩护空切的反切形式。做掩护的球员1在队友3反切篮下后，马上往外弹出或者去补弧顶的位置。

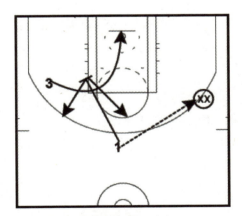

图 14-13 弱侧掩护空切（3）

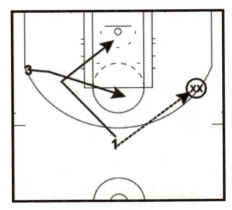

图 14-14 弱侧掩护空切（4）

这是卷曲切。3借助1的掩护，卷曲切往篮下。1给3掩护后马上弹出或补位。

1假装跑去给3做掩护，跑动过程中突然切往篮下，3观察1的跑位，马上去补弧顶的位置。

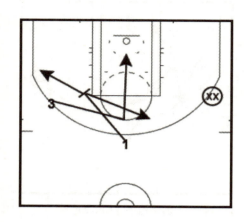

图 14-15　弱侧掩护空切（5）

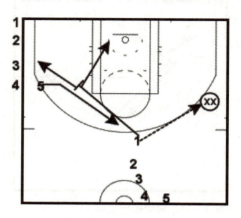

图 14-16　弱侧掩护空切（6）

3利用1的掩护，假装切向弧顶，途中再突然反切篮下，1观察3的跑位后马上去弧顶补位。

弱侧掩护空切练习：弧顶和弱侧侧翼各站两队球员，弧顶一队的前两名球员拿球，弧顶的球员1将球传给同侧侧翼的教练，然后去给弱侧的队友5做掩护。教练既可以传给利用掩护的空切队员5，也可以传给做完掩护后立刻跑位的1。每一次练习后，球员交换所在的队列。

到可以本能自动地做出各种空切动作时，再添加防守球员。

4. 下掩护空切

在 Monk 进攻中经常会创造出下掩护的机会：侧翼球员将球传给弧顶的队友，然后去给同侧低位的球员做下掩护。此时，低位的进攻球员需要耐心等待，等侧翼的队员下来做好掩护后，再突然假动作摆脱防守人空切

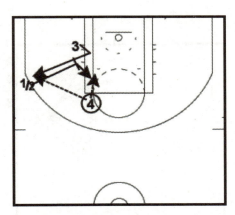

图 14-17 下掩护空切（1）

这是最基本的下掩护空切的形式。3借助1的掩护往侧翼弹出，1为3做完掩护后，马上往低位移动，试图接到来自弧顶或侧翼的传球。

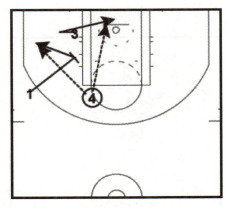

图 14-18 下掩护空切（2）

这是下掩护中的反切形式。3借助1掩护后反切篮下，1做掩护后马上往底角弹出。

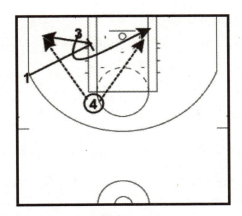

图 14-19 下掩护空切（3）

这是下掩护中的卷曲切形式，尤其适用于当防守3的球员紧紧地追防着3时，3利用1的下掩护卷曲切往篮下后，1马上往外弹出，此时防守1的球员往往会被3的卷曲切吸引注意力。

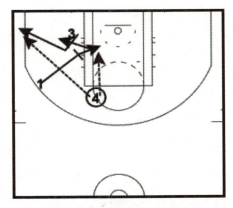

图 14-20 下掩护空切（4）

这是下掩护中的闪切形式。当防守3的球员试图从掩护的上方抢过时，3马上往底角方向闪切。1为3掩护后马上往三秒区里要位，当3接到4的传球后，1马上再出三秒区在同侧的低位来要球进攻。

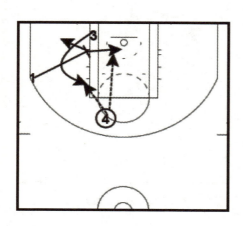 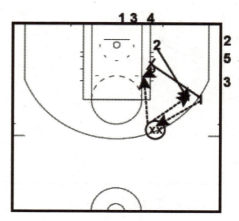

图 14-21　下掩护空切（5）　　　　图 14-22　下掩护空切（6）

这是下掩护中的大范围卷曲切形式（Baby Curl）。同上面的卷曲切形式不同，此时3空切时不需要紧紧贴着掩护人1来完成卷曲切。在某些特定的比赛情形中，这种空切形式也非常有效。

下掩护空切的练习：两队球员的位置如图所示，侧翼的前两名球员持球，1将球传给弧顶的教练，然后下去给低位的队友2做掩护。2可以利用上面所介绍的5中空切形式的任意一种。教练既可以将球传给空切人2，也可以传给掩护后跑位的1。每次练习后，球员交换队列。

走。空切队员有五种空切变化花样，做掩护的队员在做完掩护后也有五种相应的跑位变化，下面的图示中会一一演示。同样需要注意的是，在开始练习的阶段，不要加入防守队员。

5. 劈切

任何情况下，只要球传到低位的进攻球员手中，进攻队员都可以做劈

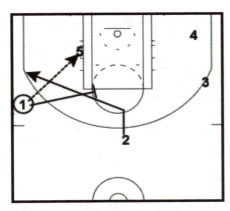

图 14-23 劈切（1）

本图是劈切最基本的形式。在Monk进攻中，当侧翼球员将球传给低位的队友时，马上去给离自己最近的弧顶位置的队友做掩护。

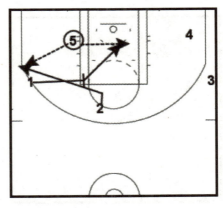

图 14-24 劈切（2）

劈切的一种进攻变化是：当2借助1的掩护往外弹出时，1掩护后马上往篮下空切，而在低位持球的5需要注意这两个传球的机会。

图 14-25 劈切（3）

劈切的另一种进攻变化是：2假装跑去利用1的掩护，但过程中突然反切篮下，1观察2跑位后马上弹出、准备接球。

图 14-26 劈切（4）

还有一种非常实用的进攻变化：1假装去给2做掩护，过程中突然反切篮下，2马上往5的上方方向弹出。

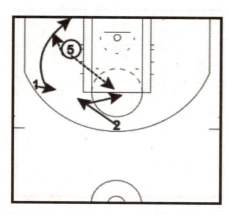 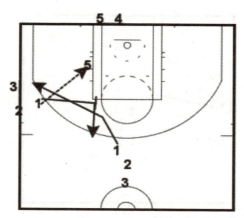

图 14-27 劈切（5）　　　　图 14-28 劈切（6）

最后一种不太常用的进攻变化：还是1假装去给2掩护，但过程中马上向底线方向移动，2则先往5的上方位置跑位，在观察到1的跑位后，马上往罚球线的中间位置拉开。

劈切练习：三队球员的位置如图所示，侧翼一队的前两名球员持球，将球传给低位的队友后，去给弧顶位置的队友做掩护。弧顶的进攻人借助掩护可以尝试上述的各种空切形式。低位的持球队员需要注意观察两名队员的跑位，给他们中的任意一个传球。每次练习后，侧翼和弧顶的进攻球员交换队列。

切。劈切也同样有多种变化的形式，会在下面的图中一一演示。低位的拿球的队员除了观察队友的跑位传球给队友外，也可以选择自己来进攻。

6. 背掩护空切

在 Monk 进攻中，这种空切机会也很常见。当侧翼球员将球传给外围的队友时，同侧底线位置或者低位的进攻队友可以马上移动上来给侧翼球员做背掩护。要注意，在背掩护时，空切人需要慢慢地移动，将防守自己

图 14-29 背掩护（1）

图 14-30 背掩护（2）

这是最基本的背掩护形式。低位的球员上来为侧翼的队友做背掩护，侧翼的球员有三种空切变化，相应地，做完掩护的球员也有三种跑位形式。

这是背掩护中的反切形式，1借助5的掩护，反切篮下。5往外弹出。

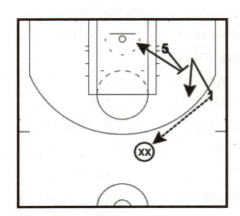

图 14-31 背掩护（3）

图 14-32 背掩护（4）

这是背掩护中的V形切。当防守1的球员试图提前堵在掩护的下方时，1马上V形切，往侧翼弹出。而5掩护后马上往篮下空切。

背掩护空切练习：两队进攻球员位置如图，侧翼的一队前两名球员持球，1将球传给弧顶的教练，然后吸引防守自己的球员，慢慢往队友5设置的掩护位置上移动，1可以尝试上述各种空切形式。5掩护后根据1的跑位做出相应的跑位。传球者有两个传球选择，利用掩护空切的球员或掩护后跑位的球员。

的球员吸引到队友所做的掩护的位置上，再迅速空切走。

7. 底线掩护空切

　　底线掩护通常发生在以下情形下：强侧的低位球员突然横穿过三秒区，在弱侧低位的位置给队友做掩护。掩护人和空切人需要很好的默契，出其不意地来同步跑位，底线掩护空切才有很好的效果。通常我们鼓励球员使用两种底线掩护空切的形式，而在此练习中不加入防守的球员。尽管教练可以在这两种空切形式的基础上再衍生出一些变化，但这样做的后果往往会让掩护后跑位的球员产生混乱，不清楚该如何跑位。

　　以上给出了 Monk 进攻中所需要用到的空切技术以及相应的练习项目。一般来说，进攻是一个复杂的混合体，其中包含着各个互相关联的子部分。我们这些分解练习，看似互不相关，但都是统一在 Monk 进攻原则之下的，球员通过反复练习这些项目可以不断熟悉 Monk 进攻原则，本能地在球场中运用这些进攻技术，创造出不可预测的进攻战术。

　　在球员学习以上训练项目的阶段，教练员要慎用竞争机制，即如果教练在球员刚开始学习这些训练项目时，就安排两组球员同时练习同样的训练项目，比比哪一组的得分多或用时少，则球员的注意力就会放在如何赢得这次组与组之间的对抗上，而不是关注自己如何做好训练项目里所要求的技术动作。同样地，对于在这些练习中加入防守球员，教练员也要相当慎重，只有在球员能完美地、不假思索地做出这些进攻技术时才需要在练习中加上防守球员。在我自己执教的这类练习中，很少会加防守球员或让球员之间比赛。我更喜欢在球队进行整体的进攻练习或比赛时才加上防守球员。

图 14-33 底线掩护空切（1）

图 14-34 底线掩护空切（2）

2吸引防守自己的球员，慢慢往队友4设置的掩护位置上移动，然后迅速往强侧的低位去空切。而4在观察2的跑位后，马上往强侧的高位肘区空切要球。

另一种空切变化是：2借助4的掩护，往强侧的高位肘区空切，4则在掩护后往强侧的低位去要球。

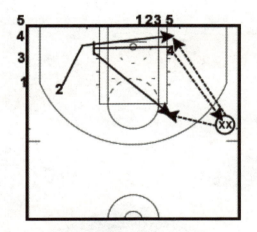

图 14-35 底线掩护空切（3）

底线空切练习：两队球员的位置如图14-35所示，强侧底线的一队前两名球员持球，4将球传给同侧侧翼的教练，然后去弱侧低位给队友2做掩护，处于弱侧侧翼位置的2吸引防守自己的球员，慢慢走向4设置掩护的位置，然后往强侧空切，低位高位都行。4掩护后根据2的跑位做出相应跑位。教练有两个传球选择。

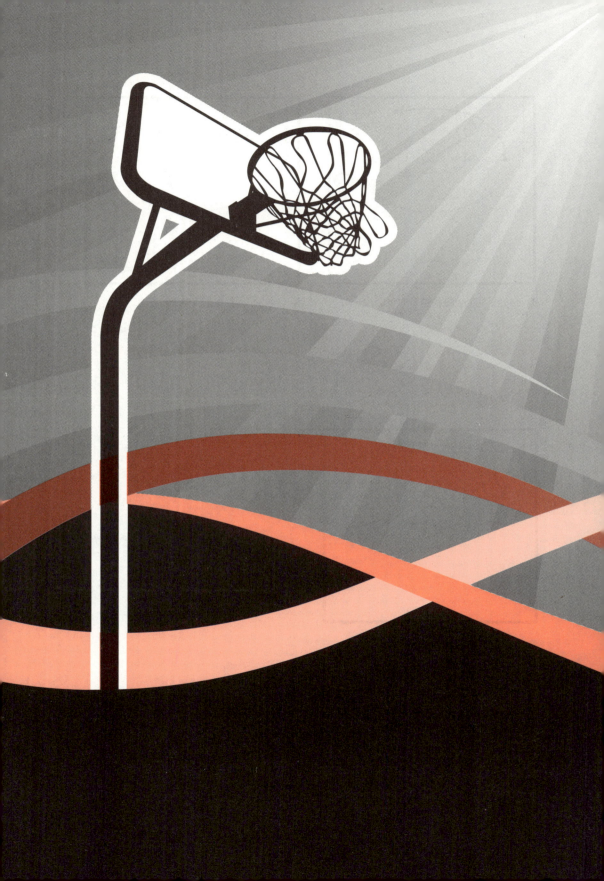

第15章

Monk 进攻的个人进攻技巧

1. 投篮机会选择

对于我们的 Monk 进攻来说，最重要的个人进攻技巧当属投篮机会选择了。Monk 进攻是没有特定的进攻套路的，所以教练很难明确给球员答案：什么时候该投篮了。要想赢得比赛，关键在于提高投篮命中率。而高的投篮命中率则取决于球员创造出并把握住了好的投篮机会。好的投篮机会就是球员命中率高的投篮机会。每名球员的情况都不同，所以教练员有必要让每名球员都清楚何谓适合目前自己的、好的投篮机会。球员们需要明白：他需要非常耐心地组织进攻，直到创造出适合他自己的、好的投篮机会才可以出手投篮。如果这个投篮机会对他来说命中率不高，就不要投篮，除非是时间快到时的不得已出手。教练员必须对每名球员的好的投篮机会了如指掌，然后在训练中不断培养球员的这种判断投篮机会的能力。对于训练中出现的球员在不好的出手机会强行出手，每次一旦出现，都必须立刻纠正，绝不能视而不见，姑息迁就。

2. 传球

在所有的篮球训练中，传球训练都不为人们所重视，但实际上它非常重要，尤其是在我们的 Monk 进攻体系之中。因为在 Monk 进攻中，球员的跑位是事先无法被预测的，这就需要持球的队员非常机警，当队友出现一闪而过的空位时，能够准确地将球传给他。我们鼓励球员用简单实用的传球动作，不用去追求花哨。球员传球能力的不足很大程度上是因为他们很少练习传球，我们可以通过适当练习来增强球员的传球能力。最好的训练传球能力的项目其实就在我们球队的整体练习和模拟比赛中，教练应当始终要求球员尽可能地去做好每次传球，而不是懒洋洋地敷衍着传球。对于年龄较小或水平较低的球员来说，先尽量安排一些静止不动的简单传球练习。而对于水平较高的球员来说，这些项目就不够用了，教练需要有意识地提升强度，训练他们在高强度训练和比赛中的传球能力。

3. 空切

空切是进攻上的一个重要环节，对于 Monk 进攻而已，它的意义更加重要。相比较其他进攻技巧而言，通过空切，更容易创造出轻松得分的机会。教练员需要教给球员各种各样的空切形式，但更重要的是要让球员学会根据当时的比赛情形来选择最合适的空切时机、空切路线和空切方式。注意，这种选择需要球员在场上本能地、不假思索地做出来。这是衡量球员优秀与否的重要指标。若想球员养成这种本能习惯，唯一的途径就是让他们反复练习，不断体验。如果教练不给球员反复练习、试误的机会去本能化这些选择空切时机、路线和形式的技能，他们在场上就会像无头苍蝇般到处乱跑。教练需要训练球员，让他们在场上的每次空切跑位都具有目的性。

4. 突破

我不确定所有的读者都能明白这个篮球术语的真正含义，所以有必要解释一下：突破是指进攻球员运球过了防守自己的球员后，没有其他防守球员来补防，从而有机会直接攻击篮筐或者即使有防守队员来补防，但依旧有机会攻击篮筐的情形。我们的 Monk 进攻能够有效地破坏对方的整体防守阵型，从而创造出很多突破机会。球员需要意识到这些随时出现的突破机会，并且有很好的运球突破的技术。突破后的投篮选择是非常重要的。第一选择当然是直接上篮，但有时候会有防守队员已经很好地站在了你的上篮路线上。这时候，球员需要尽量用急停跳投的形式来完成投篮，而不是跑投（跑投主要发生在球员高速的运球突破过程中），因为相比较急停跳投来说，跑投的得分效率较低。Monk 进攻中的球员需要不断完善自己突破上篮和突破后急停跳投的能力，而最好的练习形式就是 5 打 5 的整体练习和模拟比赛。

5. 做掩护和利用掩护摆脱防守

大家都很注重强调球员做掩护技术，而低估了球员利用掩护来摆脱防守的技术。事实上，如果一次掩护不成功，主要责任并不是掩护队员本身没有做好掩护，而是空切的球员没有真正地利用好掩护。我们提倡的掩护并不需要完全挡住防守球员，而只是需要延误一下防守球员。所以，空切球员如何利用掩护来摆脱是关键，他需要将防守他的球员吸引到特定的掩护位置上，然后在适当的时机选用最佳的空切形式来摆脱防守自己的球员。空切的时机和不可预测性是一次掩护成功与否的关键。

另一个掩护成功与否的因素是球员在为队友做掩护、等队友空切后的跑位。Monk 进攻中尤其重视培养球员的这项本能习惯，即掩护球员需要在队友空切后马上本能地做出相应跑位，一般都是队友空切的反方向。这种掩护后的跑位可以吸引防守方的注意力，为空切的队友创造轻松接球得分的机会。很多教练都强调做掩护的球员要不惜代价地、完全挡死防守自己队友的球员。这种掩护在 Monk 体系中并不适用，因为它会让我们的 Monk 进攻停滞下来，球员的空切移动都变得更艰难了。

6. 抢进攻篮板球

在现代篮球训练中，非常多的教练都强调球队一旦投篮不中，要放弃抢进攻篮板球的机会，迅速退防来阻止对手的快攻。实际上，抢进攻篮板并不需要太多技术，最重要的是球员抢球的决心和教练允许球员自由去积极地冲抢前场篮板的决定。一旦球队抢下了进攻篮板球，之后的投篮命中率会很高，而且我们的 Monk 进攻会很大程度上会搅乱对手的防守阵型，使防守方处于不利的抢篮板球的位置上。所以在 Monk 体系中，我们强调球员去积极抢前场篮板来获得二次进攻轻松得分的机会。

7. 投篮

　　选择好的投篮机会能解决大部分关于投篮方面的问题，但球员依旧需要在创造出好的投篮机会时，能够很好地把握住机会。这就需要球员们适应并习惯于去投 Monk 进攻中所经常创造出来的投篮机会。在比赛中几乎所有的投篮机会都是球员跑位后得到的出手机会。所以，在训练中，教练不单单是训练球员的投篮技术，还要包括精心设计投篮练习来训练球员在投篮前的跑位、急停、接球等一系列的连贯技术，通过反反复复地练习这一系列的连贯技术来保证球员能够在出现好的投篮机会时把球投中。另外，球员还需要练习主动创造好的投篮机会，而不是被动地接受防守球员故意放给自己的投篮机会，因为在高水平的比赛中，最后 5 分钟内，防守方几乎不会出错从而给进攻方好的投篮机会，这时候进攻方只有靠自己来创造机会，这种能力需要在平时的练习中不断提高。

＊＊＊＊＊＊＊＊＊＊＊＊＊＊＊＊＊＊＊

　　和上述的无固定进攻结构的 Monk 进攻不同，在下一章中我将介绍一种我之前使用过的、非常有效的、固定的半场阵地进攻战术。这个战术可以很好地融入我们的 Monk 进攻体系中来，而且我们在 Monk 进攻中所学习和不断完善的进攻技术都可以直接用在此项半场阵地进攻之中，从而帮助我们更好更快地掌握这项半场阵地进攻战术。

第16章

半场阵地进攻战术：空切

我喜欢给别人推荐图书，但前提是我一定事先读过且认为它是有用的书。同样的，我给大家介绍的这种半场阵地进攻也是我曾经使用过的、非常有效的。它是 Monk 进攻很好的补充，因为它同样强调球员跑位和进攻自由，这些都是和 Monk 进攻要求一样的。

我把这个战术命名为空切（cut）。这项战术的练习项目尽量设置得简单，让球员通过跑位来创造出各种各样的进攻机会。但这个战术中有一个不太为人所注意的部分，它有些复杂，我会在下面的介绍中来解释。

除了文字解释，我还会以图示的方式来清晰地呈现整个战术的全貌。除了空切战术以外，我们还会介绍另外两个进攻战术：空切2（cut 2）战术和自动进攻战术（automatic）。虽然还会有其他更多的进攻战术变化，但在本书中，这三个战术配合前面介绍过的 Monk 进攻一起就是整个进攻体系的全部，可以帮助你的球队来应对各种比赛情形。

1. 空切战术

空切战术 (cut) 很简单，但对方防守起来会很吃力。发起此战术时，球员的进攻落位和 Monk 进攻是一样的，两个后卫在弧顶，两个侧翼，一名球员在强侧的高位肘区。根据我的经验，这种和 Monk 进攻一样的进攻落位能够给我们球队带来帮助，对手不清楚我们究竟是在打 Monk 还是打空切战术。和 Monk 进攻的发动一样，还是后卫将球传给同侧的侧翼球员，然后往篮下空切，这个过程中他可以利用高位肘区队友的掩护，也可不借助掩护直接空切篮下。教学重点在于让球员所做的这一次空切足够有进攻威胁，而不是空切的进攻队员只是摆摆样子随便跑下去，这次空切一定要让防守方不得不马上调整防守位置和防守阵型，下面就用简单明了的图示方式给大家具体解释。

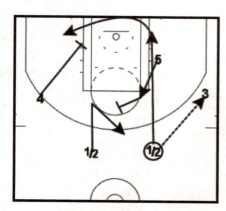

图 16-1　空切战术（1）

进攻的起始落位。5先在强侧低位，当球从1传给侧翼的3时，5马上跑向强侧高位肘区，1传球后马上空切到篮下低位，过程中可以借助或不借助5的掩护。

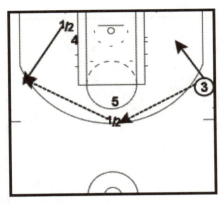

图 16-2 空切战术（2）

当3无法将球传给空切篮下的1时，球员2 利用5的掩护来摆脱自己的防守球员，去弧顶补位，接应3的传球。然后2再将球传给此时已经跑到另一侧侧翼的1，这里1在往侧翼跑位的过程中利用了队友4的在弱侧低位的下掩护。 最终1在侧翼接到球。

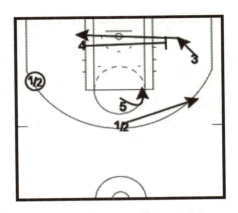

图 16-3 空切战术（3）

当4为1做完下掩护后，马上横穿过三秒区，去另一侧为队友3再做一次底线掩护。3吸引防守自己的球员，慢慢走向4设置掩护的位置上，然后突然往对侧的低位空切。4在观察到3的跑位后，马上转身往对侧的高位肘区空切。在4掩护后往肘区的跑位过程中，5会下压到三秒区内为4做掩护，帮助4来成功地摆脱防守跑向肘区。

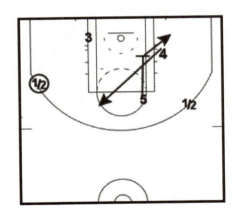

图 16-4 空切战术（4）

此时侧翼的持球队员1有两个传球机会：给低位要球的3或给在高位肘区的4。此时位于弧顶位置的另一个后卫2要迅速往弱侧侧翼跑，从而清空弧顶的进攻空间。5则跑向弱侧低位，从而清空三秒区内的进攻空间。

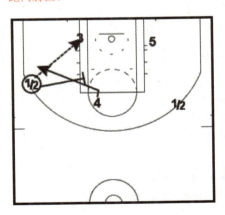

图 16-5 空切战术（5）

如果1将球传给低位的3，1马上去给高位肘区的4做掩护，此时就对应着掩护劈切。球员可以使用前面介绍的各种各样的劈切形式。

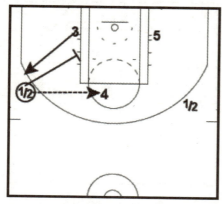

图 16-6　空切战术（6）

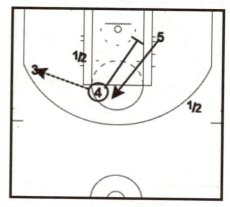

图 16-7　空切战术（7）

若是1将球传给高位肘区的4，1马上去给3做下掩护，就对应着下掩护空切。球员可以使用前面介绍的各种各样的下掩护空切形式。

当4在肘区接到传球后，将球再传给利用下掩护摆脱到侧翼的3，4传球给3后马上去弱侧低位给队友5做掩护，5利用掩护跑向强侧的高位肘区。

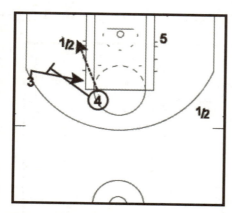

图 16-8　空切战术（8）

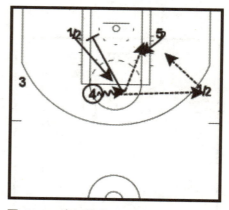

图 16-9　空切战术（9）

4也可以将球直接传给下掩护后往低位要球的队友1，然后马上去给侧翼的3做劈切掩护。

如果4既不能传强侧的侧翼3也无法传强侧低位的1，就需要往弱侧来传球了。5应当观察4的情况，当发现4开始朝他的方向看时，5马上往三秒区里面要位接球。4需要调整位置将球传给5，若没有机会则需要将球传给弱侧侧翼的2，2再设法将球传给5。

2. 空切战术的教学要点

（1）球第一次从侧翼位置回传给弧顶位置是非常重要的，所以需要高位肘区的球员做掩护和弱侧后卫借助掩护之间配合默契，设法让弱侧后卫摆脱防守自己的球员，顺利地在弧顶位置上接到来自侧翼的传球。

（2）发动进攻时，传球给侧翼然后空切的后卫要空切得坚决，对篮筐形成威胁。侧翼的球员接到球后要注意寻找机会，将球直接再传给正在空切的后卫。如果没有传球机会，空切的后卫到篮下后，马上去弱侧的三秒区低位。

（3）空切的后卫需要在弱侧的三秒区低位稍微呆一下，等待弧顶的队友接到球后，马上向侧翼位置空切，过程中可以借助队友的掩护，也可以不等队友的掩护就空切。这么做的目的是让空切的后卫能够顺利及时地在另一侧侧翼接到球。

（4）弧顶接到球的后卫，应当迅速将球传给侧翼接应的队友。通常情况下，弧顶持球的队员可以运两次球，创造出更好的给侧翼传球的角度。侧翼球员一般都能接到传球，但如果此时侧翼球员被对方在前防守，无法接到传球，则侧翼球员根据 Monk 进攻原则，马上空切篮下，球队的进攻马上自动转换成 Monk 进攻。

（5）侧翼球员给空切的后卫做一次掩护后，马上迅速横穿过三秒区，去给对侧的侧翼球员做一次底线掩护。此时对侧的侧翼球员，需要吸引防守自己的球员，慢慢走着将其带到队友设置的掩护位置上，然后迅速摆脱、底线空切。如图 16-3 所示：我们不鼓励球员 3 从掩护的上方空切，因为我们希望 3 从底线的空切能够吸引防守 4 的球员的注意力，迫使他去协防正在跑向低位的 3。这样随后 4 往肘区的跑位就很容易获得投篮机会。如果防守 4 的球员不去协防 3，那么 3 就很容易在三秒区低位获得接球上篮的机会。

（6）底线空切的进攻球员应当设法在横穿三秒区内的跑动过程中接到球，如果没有接球机会，就设法在对侧的低位位置要球，这样会给随后可能的下掩护创造机会。

（7）5 在帮助弱侧的后卫在弧顶接到球后，转身面对篮筐，往三秒区内慢慢移动，并观察队友底线掩护的情况。当3利用4的底线掩护空切后，5马上下去三秒区内做掩护，设法延误三秒区内任何一名防守队员的行动。这次掩护不需要彻底挡死防守球员，只是延误。

（8）当3利用4的掩护底线空切后，4马上往强侧的高位肘区跑位，4应当毫不迟疑地跑向肘区，根据我的经验，这种4给队友掩护后马上的跑位，使他非常容易在肘区得到空位投篮的机会。

（9）不用太担心防守球员采用换防的防守策略。进攻球员还是坚持跑这个战术，防守方总会犯错的。进攻球员们通常跑这个战术时，跑着跑着就变了，我希望球员要坚持跑熟这个战术，注意上面所强调的教学要点，这样就会给防守队员带来很大的麻烦。因为我们经常可以为底线空切人或跑向肘区的球员创造出很好的投篮机会。

如果在强侧的低位或肘区都没有机会，球将被马上转移到对侧去。我们在上面的图示中已经给出了球转移到弱侧后的进攻变化。关于这些进攻变化的教学要点和我们之前讲Monk进攻的教学要点是一样的。所以大家就可以体会到我为什么首先介绍Monk进攻，然后才给大家介绍这种固定的半场阵地进攻战术，它们之间有很好的互补性。

空切战术包含着上述一系列的进攻跑位，但实际上球员可以很快地就学会它。但需要注意的是，跑熟了进攻路线并不能保证进攻的有效性，教练员要尤其重视上述的教学要点，让球员注重跑动过程中的细节，只有细节要点都做好了，战术才会起作用。

3. 空切战术 2

空切 2(cut 2) 战术是在迪克-莫塔战术 (dick motta play) 的基础上衍生出来的。这个战术的关键在于多种可选择的下掩护进攻变化，这些进攻变化和我们之前在 Monk 进攻和空切进攻中所讲的下掩护进攻变化是一样的，但空切2战术中，两名侧翼的进攻球员是在三秒区的两侧低位同时设置两个下掩护。所以，这需要进攻球员之间更多的默契配合，时刻关注队友的跑位。下面的图示给出了一些可能的进攻变化，当然在实际比赛场景中，球员可以自由地发挥去创造更多的进攻变化。

但需要注意的是，战术的成功与否并不在于究竟有多少种变化，而是球员对战术的执行力。和Monk进攻一样，在空切2战术过程中有许多需要球员即兴发挥的环节。除了上述的下掩护空切变化外，当球传给低位的进攻球员后，掩护劈切的一系列变化又可以派上用场了。战术本身是非常简单易学的，又包含着各种各样地、难以预测的进攻变化，球员们一旦可以非常熟练地、本能地使用此战术，球队的进攻将变得非常有效率。

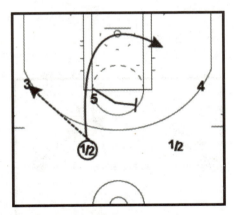

图 16-10　空切战术2（1）

战术的发动和空切战术是一样的，后卫1传给侧翼3然后空切篮下，肘区的5为弱侧后卫2做掩护。

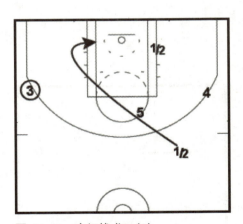

图 16-11　空切战术2（2）

2借助5的掩护切向篮下，5弹出到弧顶来接应3的传球。

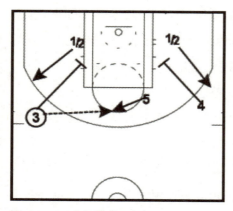

图 16-12 空切战术2（3）

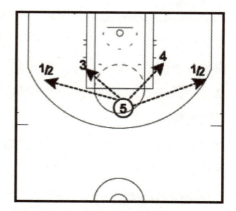

图 16-13 空切战术2（4）

侧翼持球的3尽量将球传给弧顶的5，他也可以将球传给切往低位的后卫，一旦5接到传球，则侧翼球员同时去给低位的球员做下掩护，即4为1掩护，3为2掩护。此时，球员可以使用我们在下掩护空切练习中介绍的各种空切变化花样。

弧顶持球的5此时有四个传球选择。当然，他也可以将球传给侧翼的后卫，一旦5接到传球，则侧翼球员同时去给低位的球员做下掩护。

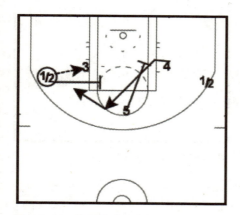

图 16-14 空切战术2（5）

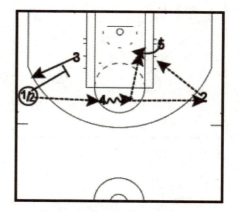

图 16-15 空切战术2（6）

如果5将球传给侧翼球员1，他马上去弱侧低位给4做下掩护，4借助掩护上提到强侧的高位肘区。

如果1将球传给肘区的4，1马上去给3做下掩护，4观察这个掩护所创造出的机会，如果没有，4就需要往5的位置上看，5一旦发现4朝自己看，则迅速踏入三秒区内要位。4没有机会传给5，就马上将球传给2。

除了上述的进攻选择之外，还有一些供后卫使用的、非常有效的进攻变化，同样会让防守方很头疼。

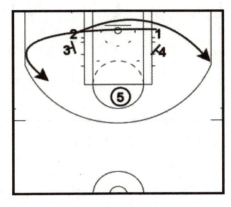

图 16-16　空切战术2的变化（1）

位于三秒区两侧低位的进攻球员1和2可以在同时发生的两个下掩护时，交叉跑位，然后再使用下面介绍的其他进攻变化。

图 16-17　空切战术2的变化（2）

两名空切人1和2都可以选用卷曲切的形式，掩护队员做完掩护后弹出。

图 16-18　空切战术2的变化（3）

如果防守空切的队员抢前防守，1和2中的一名可以马上反切篮下。

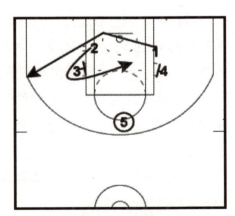

图 16-19　空切战术2的变化（4）

如果2卷曲切，则1需要往2同侧的外围位置空切，掩护队员3需要观察上述两名空切人的跑位，避免往外弹出时与1重位。

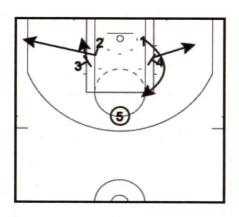

图 16-20　空切战术2的变化（5）　　　图 16-21　空切战术2的变化（6）

空切球员根据情形，可以选择闪切或大范围的卷曲切。

5也可以选择自己突破，或者直接投篮。

4. 空切 2 战术的教学要点

（1）球员 5 接到球后要立即转身面对球筐，教练要提醒他同时观察左右两处的下掩护场景，并要意识到也可以将球传给为队友下掩护后再跑位的球员，往往他们都会跑出空位投篮的机会。

（2）教练要训练借助下掩护的两名空切球员不要太着急空切，要学会观察另外一名队友的空切路线再做出相应空切。两名空切者之间要不断沟通，形成默契。

（3）鼓励两名空切队员在借助掩护空切前，先交叉跑位。当然，并不需要强制要求他们这样做。

（4）发动战术时后卫首先传侧翼然后空切，接着第二名后卫应当从队友的掩护下方空切。侧翼持球队员要注意观察队友的这次空切，寻找传球给他上篮得分的机会。

（5）图示中的这些进攻变化，球员们需要反复练习，直到能够本能地在球场上做出来。

（6）球员们都需要非常清楚：球队在打空切战术时，可以很方便地转换成打空切战术 2。转换点在于：当第二名后卫在借助掩护后，没有去弧顶位置接球，而是反切篮下时，空切战术就自动转换为空切战术 2 了。

5. 自动进攻战术

这是一个为无法预知的突发比赛场景准备的进攻战术。之所以叫它自动进攻战术是因为无论球队在之前的进攻中使用的是何种进攻战术，只要球传到了高位肘区的球员手中，球队就可以自动地打这个进攻战术。再详细解释一下：自动进攻战术发起自一次传球，然后其他进攻队员马上做出相应的跑位。经常是后卫无法将球传到侧翼球员的手中，转而传到高位肘区时，球队自然而然地就打此自动进攻战术。不需要事先规定，但要训练球员能识别出此类进攻场景，当球传至肘区时，大家都可以很快调整跑位来进行自动进攻。

在自动进攻战术中，后卫和侧翼球员之间的掩护空切变化和前面提到的劈切时的变化是一样的，但这里是高位肘区的球员来持球、选择不同的传球点，进攻空间更大，防守方很难有效应对。想打好自动进攻，尤其要注意训练肘区球员，这个会在后面的教学要点中提及。

教练员应当重视图 16-24 中过顶传球给空切人的机会和和图 16-25 中弱侧下掩护的机会。因为如果弱侧低位的防守球员觉察到肘区的持球进攻球员可能会直接过顶传给往篮下空切的进攻球员，此时他的防守注意力就会被空切的进攻球员所吸引，从而方便了进攻方在弱侧制造更好的下掩护空切得分机会。

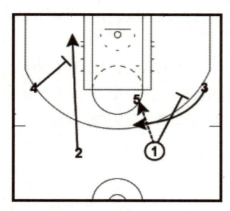

图 16-22 自动进攻战术（1）

任何时候，当球从1传至5时，自动进攻就启动了。1去给同侧侧翼的3做掩护，3借助掩护空切到弧顶位置，接球投篮。弱侧的球员2和4的空切跑位如图所示。

图 16-23 自动进攻战术（2）

在本图中，3借助1的掩护往弧顶方向空切，此时防守3的球员被5挡在身后，3接5传球、直接投篮。

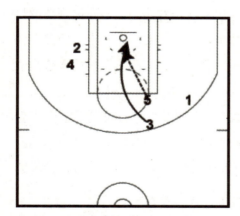

图 16-24 自动进攻战术（3）

如果3跑到弧顶时无法接到传球，则继续往篮下方向空切。5随即转身，试图将球过顶传给往篮下空切的3。

图 16-25 自动进攻战术（4）

如果5还是无法过顶传球给3，此时需要观察弱侧4为2做的下掩护所产生的机会。

6. 自动进攻的多种变化

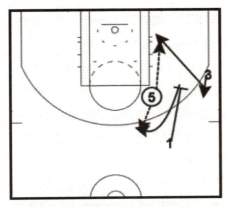

图 16-26 自动进攻的多种变化（1）

在1为3做掩护时，如果防守3的球员试图从掩护的上方挤过，则3马上反切篮下，1则相应地往弧顶位置去空切。如果1在弧顶并没有接到传球，则继续往篮下空切。

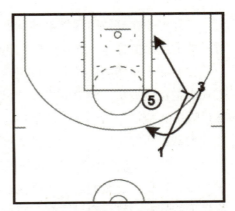

图 16-27 自动进攻的多种变化（2）

如果防守采用换防的策略来防守掩护，则1马上往篮筐方向空切，3则往弧顶跑位。

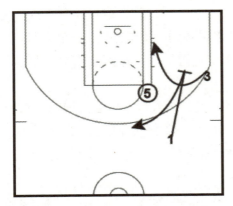

图 16-28 自动进攻的多种变化（3）

3也可以选用卷曲切的方式切往篮下，1掩护后马上切向弧顶。

图 16-29 自动进攻的多种变化（4）

1也可以假装去给3做掩护，然后突然空切篮下，3相应地空切弧顶。

7. 自动进攻战术的教学要点

（1）当 5 在高位肘区接到传球后，不要马上转身面对球框，而是依旧背对球框，保护好球，同时用余光观察同侧侧翼正在发生的掩护场景。

（2）球一旦传给高位肘区的进攻球员，两个后卫马上按照图 16-22 的方式去跑位做掩护。侧翼的进攻球员等待后卫上来掩护，尽量把防守他的球员吸引到掩护位置的下方，然后迅速往弧顶位置空切。这时候，通常防守他的球员在追防的过程中会被 5 挡住，从而在弧顶位置获得空位出手的机会。当然，在后卫和侧翼的掩护空切中有多种多样的进攻变化。

（3）球员 5 要做的是：如果空切到弧顶的球员处于空位状态，就传球给弧顶的队友，然后自己往篮下空切。如果有防守球员始终处于自己和弧顶队友之间，无法直接传球，就马上以内侧脚转身面对球筐，寻求给正在往篮下空切的队友传过顶球的机会。而且 5 的这次转身，可以被视作一个轻微的掩护，用来延误一下正在追防空切人的防守球员。

（4）处于弱侧低位的进攻球员 2，要吸引防守自己的球员，耐心等待，直到 5 转身面对篮筐并且往弱侧位置看的时候，2 开始利用队友的下掩护空切。

（5）教练应当鼓励球员 5 学会使用各种不同的传球方法。他需要时刻注意空切人的跑位路线，一旦有队友空切到篮下，他能及时将球给进去，那将是一次轻松上篮机会。

（6）这项战术其实是一个非常棒的制造三分球投篮机会的进攻战术。如果你球队中有三分很准的侧翼球员，就可以不断地练习这个项目，让他们掌握其中的精髓，那么在比赛中，你的球队将会从此战术中得到许多三分球出手的好机会。

8. 关于固定的半场阵地进攻战术的其他想法

本书中并没有介绍：界外球战术，给特定球员设定的战术，球队落后对手 2、3 分时的关键球战术，以及每节比赛时间快到时所使用的战术。每名教练应该根据球队中球员的技术特点来设计这些战术。但关于界外球战术，我有一点建议：用 Monk 进攻战术来取代固定的界外球战术。因为，从我的研究结果来看：大多数的界外球战术的进攻效率都是很低的，因为对手会精心研究这些固定的界外球进攻战术，从而进行有针对性的防守，这样自然很难再创造出好的投篮机会。而 Monk 进攻不可预测的特点可以帮助到球队，防守方无法组织起有针对性的防守，很容易陷入混乱之中。

这里，我也想谈谈自己对固定的半场阵地进攻战术的一般看法。我对很多球队都使用如此多的战术、形成一个战术库的做法有些质疑和不解。我花了很多年的时间来研究 NBA 和大学球队所使用的战术，但我依旧对一些看到的战术很不解。下面是我关于这些战术的个人见解，可能和很多教练包括很多读者的见解大相径庭。

教练们总是希望练习更多的战术。一些球队会使用四五十种战术。但翻看任意一份球探报告，你会从中看到这些战术中的大部分使用频率都很低，且这些战术的进攻成功率也不高。球员其实很难搞清楚如此多战术之间的细微差别。要想执行好一次战术，靠的是球员的经验，和默契配合，并掌握好时机。而且当球队使用的是固定的进攻战术时，往往防守方也会有所准备，这就需要进攻方更精细准确地执行战术才可能创造出机会。所以，球员需要在训练和比赛中不断重复练习同一战术，熟悉它过程中的每一个细节，找到最佳的方式来执行好。然而，如果球员总是在不断地学习新战术，他们就没有时间和机会来反复练习和体会，最终的结果就是他们对每个战术的执行力都很差。

本书的第一部分告诉我们，固定战术的进攻效率通常都不高，但实际上并不是这些战术不好，而是球员执行得不够好。球员执行不好的原因就在于他们对战术并不是真正熟悉。一支球队始终坚持只反复练习一个进攻战术往往会取得很大的成功，一个典型例子就是三角进攻战术。这个战术非常简单，而且教练也不会对其做任何调整。但靠打三角进攻的球队总共赢得了 11 次 NBA 总冠军。球员们反反复复地练习它，从而能够深刻地理解它，并最终在场上完美地执行出来。球员们并没法去尝试其他更多的、不同的战术，他们只是在不断地把自己正在练的战术发挥到完美。

还有一点，我希望与读者分享：篮球是一项充满着身体对抗的运动项

第 16 章 半场阵地进攻战术：空切

目，而这种强硬防守往往会给球队的进攻带来很大麻烦，投篮命中率下降，失误增加。想一想，如果球队使用类似于中路挡拆的进攻战术，只有一二名球员在移动，其他球员就站在外围等待接球投篮，防守方就很容易打出强硬的防守，迫使进攻球队的球员在很多干扰下强行出手。而所有球员都参与的、不停跑位移动将改变这种情况，因为当防守球员需要不断追着进攻球员跑时，他们就很难一直对进攻球员保持很频繁的身体接触了。

第17章

快攻和 Monk 进攻

快攻是乱战期的一种形式，也是四种主要的、无固定结构的进攻打法的一种。它对应着比赛过程中的间隙期。通常情况下，一次快攻的时间仅仅为4～5秒，在这么短的时间内，球队的打法并不是固定的，而是由着球员去即兴发挥。在我们的进攻体系中，快攻和Monk进攻并不相同，但两者之间也有紧密的联系。球队用可控制范围内的、尽量快的速度来打快攻，这是进攻的第一阶段，如果没有创造出合适的投篮机会，球队会自动地转入打Monk进攻，这样就不会给防守方充裕的时间去组织起防守阵型。这种快攻和Monk有效融合的打法可以持续给防守方施加压力，是一种非常有效的进攻手段。然而，在实际的比赛快攻场景下，球员事先并不知道自己球队会在哪里获得球权，队友的位置在哪里，防守者的防守位置又在哪里，这种不确定的情形会给我们的训练带来不小的难度。尽管没有固定的结构，但我们依旧可以遵循一些既定的进攻原则来安排高强度的快攻训练。

平均来说，仅有36%的快攻能创造出投篮机会，当然这些创造出的机会的得分效率都很高。但大约64%的快攻都未能形成投篮机会，这时候很有必要在快攻失败后马上转入Monk进攻，持续给防守方施加压力，这样的结果就是大部分的投篮机会和得分都是发生在Monk进攻阶段，所以我们在分析球队的进攻效率时要将快攻和随后的Monk进攻作为一个整体来考量。

在我们进攻体系中，我们鼓励球员在快攻中尽量上篮得分，而不是在快攻过程中去投三分球。快攻中其实很容易创造出投三分的机会，但除非是非常好的投手且在无人防守的情况，一般尽量不要投三分。即使快攻没打成而自动进入Monk进攻阶段，此阶段中创造出来的上篮机会的得分效率依旧是超过快攻阶段中投三分球的得分效率。所以教练要不断提醒球员注意这一点。

快攻成功与否的关键在于抢到篮板球后的一传。从很多场比赛的录像分析中可以得知：若想保证快攻的质量，一传的接应位置一定要在弧顶上方和中场线之间的区域。外围球员一定要设法快速跑到那个区域（中间或两边都没有问题），去接应队友的一传，具体如图17-1和图17-2所示：

请注意提示快下的球员到前场时交叉跑位。外围接应一传的球员持球的推进路线可以从中路，也可以走边路，剩下的球员观察持球队员的路线调整自己的跑动路线。图17-1和图17-2中描述的是一个理想状态下的快攻位置，实际比赛中这种理想位置并不常见。最重要的是让球员快下，交叉跑位，

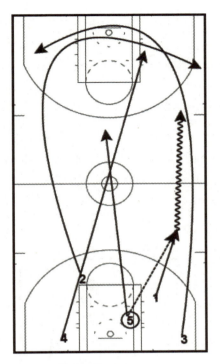
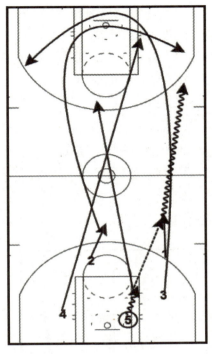

图 17-1　快攻一传（1）　　　　图 17-2　快攻一传（2）

一传是关键，外围球员的接应位置一定要在弧顶上方和中场线之间的区域。球员的快速跑动路线如图所示。

如果抢到篮板球的队员被干扰无法直接传球，他需要强力运球1～2次来找到给外围接应队友传球的空间。

补位，马上转换到 Monk 进攻中来。不要停下来打固定的进攻战术。不要管其他进攻队友的具体位置，持球人到前场，只要观察到侧翼有队友，马上传给他，然后空切篮下来发动 Monk 进攻，其余球员自动地调整跑位路线。

1. 快攻原则

（1）抢到后场篮板球的队员需要马上调整姿势设法将球长传给外围队友。若是遇到防守干扰，则马上强力运球，找到传球的空间。

（2）如前所述，外围的接应队员一定要立即跑到所要求的接应区域内。球员需要本能地做到这一点，它是一项需要教练不断在训练中强调的技术。

（3）所有的无球队员都应当往对方半场冲刺，注意不是慢悠悠地跑过去，是在可控制范围内的最快速度。

（4）首先快下的球员要注意在前场交叉跑位，即使只有他一个人，也需要横穿过三秒区到另一侧去。

（5）在快下的球员交叉跑位后，下一名进攻球员应当去低位要球。

（6）最后一名跑到前场的球员去补位，通常是去补弧顶或侧翼的位置。经常出现的情形时：当最后这名球员进入前场后，本方已经发动了Monk进攻，此时他就需要马上做出相应调整，去融入到全队的Monk进攻中来。

如果在快攻过程中产生了高命中率的投篮机会，球员就要去投。但一定要注意：只有是高命中率的机会才出手，因为快攻不成转为Monk进攻

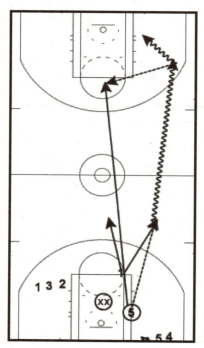

图 17-3　快攻一传练习（1）

此练习重在培养篮板人和接应人之间的默契。教练将球投向篮板，5抢到篮板球后马上转身传球给外围接应的1，1的接应位置可以在中间，也可以在两侧，关键是他必须跑到我们所要求的弧顶上方和中线间的区域内。随后的进攻路线如图所示。当这一组传接球后，下一组准备。

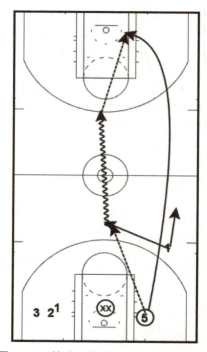

图 17-4　快攻一传练习（2）

如果外围接应的球员1沿中路运球推进，则5传球后则沿边路快下。这里在篮下充当篮板手的队员应当包含3号位、4号位和5号位球员。

依旧可以创造出好的投篮机会。所以球员们需要耐心一点来组织 Monk 进攻，直到好的投篮机会出现。

我们有两个快攻练习，第一个练习时训练快攻时的一传；第二个练习则训练球员自如地从快攻阶段过渡到 Monk 进攻阶段，图示如下。

这个两人组的练习既能培养篮板手和接应队友之间的默契，又可以当做快攻时的投篮训练：在罚球线区域或侧翼的跳投，侧翼位置的接球上篮或运球者直接上篮。一组球员传接球往前场推进后，另一组球员开始接着练习。等所有组都练完后，再反方向地做回来。

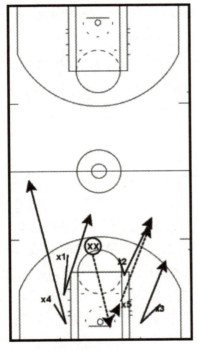

图 17-5　5人快攻练习（1）

5名球员先面朝教练，处于防守状态，教练持球让5名防守队员做出一些防守移动，然后投篮，故意投失。5名球员先守住抢篮板球的位置，一旦一名球员拿到球，马上由守转攻，发动快攻，他们可以在快攻阶段中投篮，也可以自动切换到Monk进攻。

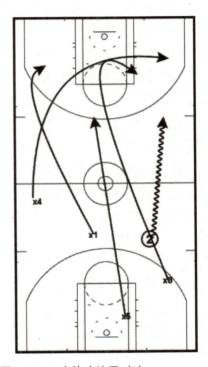

图 17-6　5人快攻练习（2）

本图中的快攻位置和路线仅仅是为了解释起来方便。在训练和比赛中，每次快攻的情形都会有所不同。教练需要告诉队员正确的跑动原则，并鼓励他们去尝试各种可能的跑位。

上面的这个练习涉及到了我们快攻接 Monk 进攻的所有环节。教练可以故意投不中让队员抢篮板球发动快攻或故意将球扔在地板上让队员抢断来发动快攻，如果快攻未果，则马上转换到 Monk 进攻中。有时候教练需要命令球员不要在快攻中投篮而接着打 Monk 进攻，这是为了让他们更好地体会这个从快攻到 Monk 进攻的无缝切换过程。当球员们慢慢熟悉并掌握了这项练习中所要求的技术，教练就需要调整球员的最初防守位置，让他们体会在由守转攻、快攻发生时，自己处于不同的位置上该如何去跑位。

　　我确信这两个快攻训练项目就足以覆盖快攻接 Monk 进攻中所要求的所有进攻技术了。再加上球员在半场整体进攻练习项目、全场整体进攻练习项目和定期的模拟比赛，这些足够来帮助球员完善快攻方面的能力。其他的快攻练习项目都是多余的，再练它们只是浪费时间。

　　如果你的球队防守很好，一场比赛中大约可以获得 35～40 次快攻的机会，其中差不多有 26～28 次的快攻机会都会自动转换为 Monk 进攻。许多球队在出现快攻机会时，并不是总会直接打快攻，有时候他们的球员会停下来打某个具体的进攻战术。这么做的话，其实就给本来处于一片混乱的防守球队以充足的时间来重新建立起防守阵型。说得再深一点，当球员有机会打快攻却没有打转而打落好位置的战术时，其实他们是把本来正性球权的进攻机会（POP）变成了负性球权的进攻机会（NOP）。通常情况下，每次正性球权的得分效率为 0.91，而每次负性球权的得分效率仅为 0.58，假设一场比赛中有 36 次快攻的机会，球队都没有打反而落好阵地打战术（从 POP 变为 NOP），这意味着他们差不多会少得 12 分。这可是一个不小的数目。

　　快攻的一个关键因素是球队的防守。迫使对手投篮不中，抢到防守篮板球，抢断都是开启快攻的途径。所以防守非常重要，我们将会在下面的防守一些章节里介绍它。

第18章 攻击区域防守的进攻打法

如果你作为教练是按照本书中所教授的进攻体系去训练自己的球队，那么其实你已经做好了 90% 的准备去攻击对方的区域防守。我们的 Monk 进攻体系中有一个非常简单的策略来攻击对手的区域防守（联防）：就是我们在面对联防时，只使用 Monk 进攻这种进攻打法来攻击对手。根据我的经验来说，Monk 进攻在攻击联防时是非常有效的，当然，我们还需要对 Monk 进攻做一些小调整，这些调整都是非常简单易学的。

　　区域防守有一些它自己的防守特点，防守球员是根据持球的进攻球员的位置来相应地调整自己所在区域内移动的位置——简称为转换 (shifts)：只有当进攻球员进入自己的防守区域内时，防守者才需要注意防守他。一旦进攻人离开这个区域，防守此区域的球员就不用再追防他，守住这个区域即可。这种"进来区域内就防守、离开就不管的"转换过程 (shifting) 容易使得区域防守出现一些漏洞 (gaps)。

　　进攻者需要注意保持移动，同时及时转移球，创造出这些区域防守中的防守漏洞，并利用这些出现的漏洞来传球、空切或突破。一旦进攻者进入防守阵型出现的漏洞时，他经常就会处于无人防守的状态。区域防守还有其他的一些特点。

　　联防中对持球人的防守和人盯人中对持球人的防守是不同的。持球人在哪个区域就由哪个区域的防守人来对位防守。因为是守区域，所以对持球人的防守压力也不会很多，这样也会给持球人许多直接投篮机会，这些投篮受到防守方干扰的程度都很低。而且，一旦持球人突破了那个区域，进入下一个区域，就会由下个区域的防守人来换防，这就容易引起联防阵型的混乱。

　　由于每名防守者都是只对各个区域负责，而不是人盯人防守，所以经常在抢篮板时会漏人。如果进攻方很积极地去冲抢前场篮板，将会得到许多的二次进攻轻松得分的机会。

　　联防中最强调防守队员要注意保护三秒区中间，防止对手的突破上篮，付出的代价就是给对手许多外围投篮的机会。所以很多球队在攻击联防时都会在外围投个不停，这正中了对手防守方的圈套。

　　联防的一个很大的缺陷在于在进攻球队抢到后场篮板或抢断时，它通常无法很好地来应对这种攻防转换阶段的进攻。所以一旦进攻球队的攻防转换节奏变快，联防就会出问题。

上面谈到了联防的一些缺点，但它也有自己的优势，一方面它能够大大减少对手直接上篮的机会，除非对手非常积极地去冲抢篮板球。另一个更重要的方面是：联防可以改变比赛的节奏，因为许多球队在破联防时倾向于在外围分散站开，然后靠传球来寻找外围空位投篮的机会。这种情况下，整个比赛的节奏就会变慢。很少有教练可以有效地攻击区域防守，绝大部分教练都不喜欢在训练中使用联防，当然也就很少有练习攻联防的机会，自然而然地，比赛中面对联防时，办法不多。

1. 攻击联防的 Monk 进攻

Monk 进攻只需要做非常少的调整就可以有效地来攻击联防，因为它有两项天然的优势。第一，Monk 进攻中的球员跑位和球的转移都是无法被提前预知的，这样对手区域防守中的转换就会变得很困难。第二，Monk 进攻适用于上面提到的快速攻防转换阶段，不给对手组织起有效联防阵型的时间。上面的这两点都是 Monk 进攻本身就包含的，只要球员熟悉了 Monk 进攻，就不需要再额外花时间单独学习。如果一支球队的 Monk 进攻已经练得很好了，那么他们在面对对手的联防时就会很轻松。

当然，我们还要对 Monk 进攻做一些微小的调整。在攻击联防时，我们会减少掩护使用的次数，而鼓励球员更多地利用空切和突破来进入到区域防守中的一些漏洞区域，因为这些漏洞区域就是联防的命门。而且，我们会命令球员去积极冲抢前场篮板，而不是之前 Monk 进攻中的鼓励去抢。

在半场阵地进攻中，攻击联防的 Monk 进攻和攻击人盯人防守的 Monk 进攻的落位是一样的：两名后卫，两名侧翼，一个球员位于强侧高位肘区。和之前的 Monk 进攻一样，后卫传给侧翼然后空切篮下。第一次空切非常重要，它要迫使防守方马上调整防守位置和防守阵型。

Monk 进攻的原则是不变的，只是我们的一些进攻术语会有微调。在破联防的进攻中，我们使用"突破到漏洞区域 (drive into gaps)"和"空切到漏洞区域 (cut into holes)"这两个术语。教学方法和之前的 Monk 进攻教学没有什么区别，因为 Monk 进攻本身并没什么变化。

2. 漏洞区域：突破、空切和传球

大家需要仔细体会漏洞区域的含义。对于缺乏经验的教练和球员来说，他们需要耐心地花上一些时间去理解它，进而能够有效地辨识它。因为比赛中这些漏洞的出现经常是一闪而过而且不可预测的。我在下面给出了一些图示来解释这些漏洞区域，但球员理解并最终能熟练运用这些漏洞区域的唯一途径就是多练习、多比赛，没有其他捷径。

出现这些漏洞的原因在于联防本身的特征：它要求防守队员防守指定的区域而不是防守特定的球员。这样，防守球员在自己的防守区域内，需要根据持球人的位置来不断调整和变化自己的位置，我们把这种调整位置的过程称为转换。正是这些不断地转换造成了联防的漏洞区域。教练应对指导进攻球员去发现这些漏洞区域，并利用这些漏洞自由地去空切或突破。球员们练习Monk进攻来破联防的目的就在于此。

当进攻球员不断跑位并及时转移球时，就容易让联防露出破绽。有时候，需要花上一些时间来辨识出这些漏洞区域，然后迅速空切或突破到那些位置上。我们使用Monk进攻练习中的5打5练习来培养球员这方面的跑位、空切、突破和传球能力。我们不能等比赛时，对手使用联防后再学习如何破联防，应当提前准备，我们之前在Monk进攻章节中所介绍的5打5的模拟比赛就是一项非常好的练习破联防的训练项目。

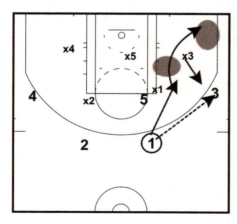

图 18-1

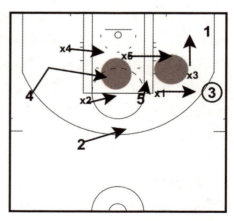

图 18-2

上面两图中蓝色区域部分就是我们所说的联防中的漏洞区域。在图 18-1 中，1 传给 3，然后往下空切。如果 x3 上来防守侧翼的持球人 3，则会出现两个漏洞区域，一个在三秒区强侧边线的中部，另一个在强侧的底角。在图 18-2 中，如果是 x1 移动过来防守侧翼的持球人 3，则同样会出现两个防守中的漏洞区域。一个在三秒区内，另一个在三秒区强侧边线的中部。图 18-2 中同样给出了其他进攻球员如何空切到上述两个漏洞区域的路线。

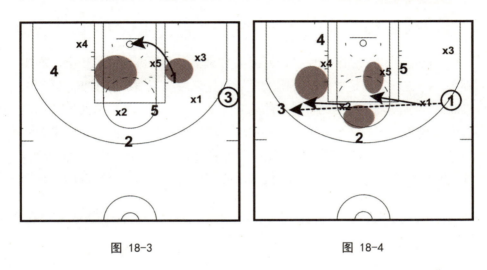

图 18-3　　　　　　　　　　　图 18-4

图 18-3 中，1 空切往弱侧，这个过程中经过 x5 的防守区域，将会短暂地吸引 x5 的防守注意力，迫使防守阵型出现漏洞。图 18-4 中，侧翼 1 将球长传给对侧的 3，这可以造成 3 个联防中的漏洞。

在用 Monk 进攻破联防的过程中，将会不断造成联防阵型出现漏洞。球员们需要不断训练最终能够很快辨识出这些漏洞，并迅速通过空切或突破的方式来利用这些防守漏洞攻击对方的防守。

3. 耐心

前面已经提到，联防会让进攻方的进攻节奏变慢，因为进攻方需要慢下来观察，找到联防中的漏洞区域。在面对半场阵地的联防阵型时，进攻球员需要保持耐心，但同时要注意保持攻击性。进攻球员耐心地花上更多的进攻时间去积极空切、跑位和突破，一旦他们掌握到这一点，他们最终就能得到很多轻松投篮的机会。

4. 投篮机会选择

联防重在对三秒区的保护，所以会给对手很多外围投篮的机会。而实际上，一支球队若是总依靠外围的投篮，是无法赢下很多场比赛的。所以破联防还是需要尽量去瓦解对手的防守阵型，创造更多的在内线投篮的机会，尤其是上篮的机会。这就需要进攻球员的耐心和移动跑位。许多球队总是在出现第一次的外围空位投篮机会时就投篮了，这正中防守者的圈套，他们需要更耐心一点，等待多次传递后所创造出来的命中率更高的内线投篮机会。

5. 前场篮板

联防时球队通常控制不好后场篮板。对进攻方而言，最好的投篮机会来自前场篮板。在我以前执教的大学所在的赛区中，一位很好的大学教练就强调通过抢前场篮板来攻击对手的联防。他的独特的策略就是训练球员去冲抢前场篮板，同时鼓励队员多投篮，这样就会产生很多抢前场篮板的机会。我们使用 Monk 进攻来攻击联防，是同时利用上述的两种方法，一方面可以鼓励跑位、空切、突破、传球来获得投篮机会，另一方面我们命令四名进攻队员都得去冲抢前场篮板。

6. 从快攻到阵地进攻的过渡阶段

对手快攻时，防守方通常无法及时站好联防位置，就算能控制住对手的快攻环节，对手快攻未果但马上调整又再次攻击，这时防守方依旧没有充裕的时间来组织好整体防守阵型，就很容易让进攻方的空切和突破得分，联防的效果将会大大降低。Monk 进攻就适应于上述的这种比赛场景，从快攻自动转换为 Monk 进攻。所以球队一旦熟练掌握 Monk 进攻，就能够在从快攻到阵地进攻的过渡阶段轻易突破对方的防守，赢得比赛的胜利。

****

中国国内比赛中很多球队都使用联防。这对我们的训练体系来说，并不是个问题。因为我们体系中已经包含了有效应对联防的进攻打法，不必再额外学习新的东西。教练所需要做的只是：练习，练习，再练习。

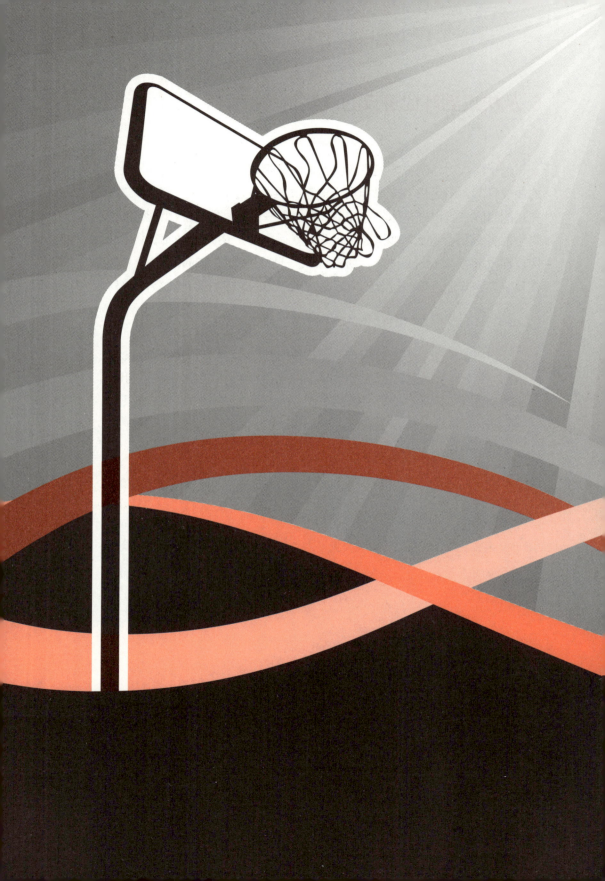

第19章

防守

前文中已经多次提到，在乱战期内想做好防守是一件非常困难的事情。乱战期和间隙期是紧密联系在一起的，而球队在间隙期内的表现直接影响着最后的结果，所以非常有必要来做好间隙期内的防守。而且，防守很差的球队几乎都是没有可能取得最后成功的。

如何在不知道对手的进攻意图的情况下来做好全队的防守呢？我的观点是：想更好地应对这种不可预测的进攻，就需要摒弃太多特定的防守策略，转而更强调防守中最基本的部分——每个人在防守端的努力程度。当然，也需要注意一些整体防守的组织。我相信最好的途径是让球员去使用一些简单灵活的防守原则来组织防守。过于固定的防守计划，例如轮转，往往在面对乱战期的比赛场景时会力不从心。这也是为什么球队在间隙期内的防守效率如此低的原因。我们主张来设置一些简单的防守原则，然后训练球员去遵守这些原则来组织球队的防守。

在大学执教生涯的开始阶段，我就建立了一套防守原则。这么多年来，这套原则被不同层次水平的球队一直使用着，效果都不错。正因为这种运用原则建立起来的防守可以有效地应对间隙期内的比赛场景，帮助到球队，所以它才可以历经这么长的时间依旧为大家所使用。

下面将会具体介绍这种原则框架下的防守。但需要说明的是：这些防守原则以及这样原则背后的防守理念可能会让大家大吃一惊，因为它同大多数盛行的防守理念有所不同，它会颠覆大家之前形成的关于防守的一般看法。

1. 防守的三个基本要素

防守的三个基本要素分别是：限制持球人的突破、干扰对手的投篮和抢防守篮板。这三条听起来都很容易，但教练们不太容易相信单单只要做好上述的三条就能将防守做好了。他们更倾向于练习一些特定的防守策略，而不是仅仅每天不断练习和完善球员上述三方面的个人防守能力。

已经读过本书前面部分的读者可能会明白这样一个道理：一场比赛中的很多时间内防守都处于混乱无组织状态的，这时候的防守效率都很低。

下面请读者再记住一个道理：协防本身就会让本队之前有组织性的防守陷入混乱无序中。球员不去协防，其他球员就不用轮转过来防守。而一旦轮转防守，球队之前的防守的整体性就会被破坏掉，陷入混乱之中。

第一条防守基本要素就是限制持球人的突破。这是指防守球员不借助队友的协防，靠自己单独的防守来限制对手的突破。我们所说的限制的意思就是不让持球人运球突破过掉自己。对于防守持球人的球员来说，这个任务非常明确也非常艰巨。这一点要求和大家通常所熟知的防守理念有很大的差别。

一般的防守理念并不强调这一点，教练们通常会教授球员该如何协防，比如通过轮转、双人包夹或其他的协防策略。这些防守策略都会引发防守端的混乱，它可能在防守某些特定的、已知的进攻场景中是有效的，但是在乱战期内会失效，因为此时进攻会变得不可预测，防守的针对性失去了，整体性也没有了。

有些球员和一些"不幸的"教练会争论说：单靠一名防守者的努力是无法限制住那些好的进攻球员的突破的。这是一派胡言。没能限制住对手的突破是因为他们压根就没有训练自己这方面的防守能力。进攻球员会花费大量的时间来磨炼自己的突破技术，如果防守队员也花如此多的时间来磨炼自己限制突破的技术，那么单兵防守就会变得有效了。

其实，教练花了很多时间在教授一些特定的防守策略，如防守轮转，而在个人的一对一防守上用的时间太少了。其实是球员练的太少了，但他们总是不相信自己能够单防成功，就不会有足够的动力去改善自己的个人防守能力，自然就会更加依赖队友的协防，给自己找各种各样的借口来逃避个人防守的练习。

需要让大家更深刻理解这个问题，其实球队完全可以使用一种更隐形的方式来协防，而且这种隐形协防的形式并不会搅乱球队自己的防守整体性。关键在于无球防守队员所站的位置，要让持球的进攻球员感觉到：对方的其他防守球员所站的位置，很容易就能过来协防，自己的突破会很艰难。也就是说，这种隐形协防的方式要求无球防守球员站好位置来威胁持球人，而不是真的过来帮忙协防。我们会在下一章中详细解释这一点。

防守的第二个基本要素是干扰对手的投篮。这一点上，大多数教练都会容易达成共识。因为不被干扰的投篮命中率远远高于受干扰的投篮命中率。在第一部分的介绍研究中，我们知道不被干扰的投篮命中率高达68%，而受干扰的投篮命中率仅为36%。所以很明显，尽量去干扰对手的投篮将会很大程度上改善我们的防守。

我依然敢断言在 NBA 中，没有一位教练会专门练习干扰投篮。我希望我的断言是错的。但在大学篮球中，我相信有些教练会去专门安排这方面的练习，来提高球员干扰对手投篮的能力。

防守的第三个基本要素在于控制后场篮板。抢到后场篮板有两重作用：第一，防守方控制了后场篮板意味着对手这次进攻球权以失败告终；第二，抢到后场篮板，球队将会有打快攻接 Monk 进攻的机会，这就是我们之前谈到的正性球权 (POP)。在第一部分的第 3 章我们已经指出：控制后场篮板以及抢断将会对球队最终的获胜产生直接影响。

我十分确信球队不需要多做什么，只要做好了上述三个防守基本要素，就会是一支防守很棒的球队。无论球队使用何种防守策略，如果球队做不好以上三条的话，也肯定无法有效地执行好那种特定的防守策略。教练要有意识地培养球员在防守端的认真负责的态度，激发他们防守热情，并防守端由始至终地高要求他们。这样，你的球队就会赢得比赛。

第20章

球线防守

球线防守是一种原则框架下的防守。和那些针对特定进攻场景设计的防守策略不同，球线防守遵循着一套防守原则，它们适用于各种比赛情形。这些原则都是简单易学的，因为使用它时，球员并不用一个一个的、根据不同的比赛场景来死记硬背很多特殊的防守落位和路线。这套原则只包括10条基本原则和一些针对特定情形的辅助原则，这些辅助原则也非常简单明了。

本书中 Monk 体系的理论依据就是：比赛中很多时间内，球队的攻防都是没有固定结构的。相应地，那些结构化的防守策略往往无法有效应对一些事先无法预料的进攻场景。就算是面对一些固定的进攻战术，也会出现这个问题：即有上百个包含复杂跑位的进攻战术，防守队员要记住进攻队员这么多复杂的进攻跑位是非常困难的，做出有针对性的防守就更困难了，因为他们没有足够的时间去一一练习。只有当球员们对某一项针对固定进攻战术的防守策略练得非常熟练，且进攻方正好使用的是这种进攻战术时，防守才能变得很有效。

我们对间隙期和乱战期的研究告诉我们，球队 70% 的失分都是来自间隙期，这时候对方的进攻是不可预测的，那么我们精心练习的有针对性的防守策略就无用武之地了。我们需要发展出一套防守策略来应对这种间隙期内不可预测的进攻场景，原则框架下的防守就是我们的答案。

简单地说，一支防守优秀的球队一定可以防住对手在间隙期内的、不可预测的进攻打法。以 NBA 2010 赛季洛杉矶湖人队和波士顿凯尔特人队之间的总决赛为例，波士顿方面精心准备了如何防守湖人的三角进攻。这是一轮 7 场大战，比分都很接近。湖人队占据优势的原因在于波士顿无法防住湖人队在间隙期内的进攻。而湖人队则明显针对间隙期有备而来，把以前专门练过的移动进攻用在间隙期中。就这样，湖人队在间隙期内并没有打三角进攻，而是使用队员即兴发挥的移动进攻策略，凯尔特人队无法应对这种打法，最终输掉了比赛。

球线防守并不难学，但整个学习过程中，教练的角色非常重要。教练需要让球员明白其中的细节，并给球员足够的机会去不断体验这种防守的效果。教练可以通过设置相关练习，模拟比赛或者实际的比赛来不断训练球员来使用球线防守，并给予他们不断的指导。我们会在随后的章节中介绍这些练习项目。下面首先来介绍这些原则。

第21章
球线防守原则

1. 基本原则

（1）总是迅速回撤到球线。
（2）干扰所有的投篮。
（3）人球兼顾。
（4）在前防守(overplay)对方向靠近篮筐方向的传球。
（5）允许对方向远离篮筐方向的传球。
（6）弱侧防守球员的位置要尽量靠近持球人，同时又能保证自己可以阻断或干扰到持球人传给自己防守的进攻球员的传球。
（7）绕前防守3秒区内的对方球员。
（8）对于优势明显的所有低位进攻，都进行夹击。
（9）尽量去封盖，而不是制造进攻方的撞人犯规。
（10）只有在对手有上篮威胁的时候才进行协防。

2. 低位防守的原则

（1）通过身体接触或在前防守，迫使低位的进攻球员离开低位进攻位置。
（2）绕前防守3秒区内的对方球员。

3. 防突破的原则

（1）迫使运球者往中路突破，那里已经有站好位置的弱侧防守同伴。
（2）用不犯规的方式来将对手的突破限制在距离篮筐8英尺（约2.4米）以外的区域。
（3）尽量迫使对方突破的球员使用跑投的方式来投篮，而不是急停跳投。

4. 防守有球掩护的原则

限制突破是第一要务。

防守掩护者的球员要在自己和掩护者之间空出一定距离。

防守持球者的球员要从掩护下方空出的地方穿过，阻止持球人的突破。

有必要的话可以换防。一旦换防，要注意绕前防守往篮下空切的进攻球员，同时注意控制持球人的突破。

5. 防守无球掩护的原则

（1）防守空切人的球员要从掩护的有球侧挤过或穿过，除非防守者判断出空切人准备使用闪切的方式。

（2）防守掩护者的球员要在自己和掩护者之间空出一定距离，方便队友穿过，但马上就要迅速回位来防守自己的球员。

（3）只有在非常危险时才能换防。

6. 全场防守的原则

（1）在对方界外发球的进攻球权中，使用¾场的对球施压防守策略。

（2）根据指导来使用包夹策略。

（3）根据指导来使用跃进防守策略(Run and Jump, 译者注：跃进防守策略是一种全场紧逼盯人带包夹的防守策略)。

7. 对球线原则的解释

上述的一些防守原则从字面上就可以理解，我会省略掉对它们的解释。我将对一些非常重要或者较难理解的原则进行解释。大部分情况下，读者都可以通过对后面介绍的防守项目的理解来搞清楚这些防守原则的真正含义。

★ 基本原则

总是迅速回撤到球线

这是一条主要的原则而且非常重要。一般来说，5名防守球员都有处于球线上或球线以下。例如，当进攻者持球处于罚球线延长线的侧翼位置时，所有的5名防守者都应当处于罚球线延长线位置到篮筐位置之间的区域。这条原则适用于所有的比赛场景，无论是全场攻防还是半场阵地进攻。这是我们前面提到的隐形协防的关键。

- **干扰所有的投篮**

我们希望防守球员能干扰到对手的每次投篮，无论投篮的人是不是你的防守人，只要他在你身边投篮，就要尽力去干扰他。我们在第一部分已经知道未被干扰的投篮命中率为68.4%；而一旦被干扰，命中率就急剧下降为36.5%。我们强调要避免防守陷入混乱，因为一旦混乱了，球员就失去了能干扰到对方投篮的好位置。我们的球线防守注重训练球员的防守位置感，这不仅有利于去干扰对手的投篮，同时有利于我们去争抢后场篮板。

- **人球兼顾**

防守端的视野非常重要。选择一个好的防守位置可以帮助你同时看到你要防守的进攻球员和持球的进攻球员。球员需要调整自己的位置来达到这个要求。这是一条很简单的原则，但十分重要。

- **在前防守对方向靠近篮筐方向的传球**

通过在前防守，我们希望让进攻球员远离他希望接球的位置。这通常是防守侧翼球员的做法，它也适用于防守低位进攻球员和防守弱侧的空切球员。

- 允许对方向远离篮筐方向的传球

这个原则一般是针对进攻方把球从侧翼再回传到弧顶的位置的情形。但它同样适用于从内往外的回传球，无论是在半场防守还是在全场的对球施压防守的情况都适用。例如，如果进攻方低位的球员接到传球，我们所有的防守球员根据球线原则都需要回撤得很深，来更好地干扰低位球员的运球和投篮，以及抢后场篮板。这种情况下，我们是允许低位进攻球员将球再回传给外围球员的。

- 弱侧防守的球员的位置要尽量靠近持球人，同时又能保证自己可以阻断或干扰到持球人传给自己防守的进攻球员的传球

这个原则允许我们的弱侧防守球员往强侧回收，但他们回收的位置需要保证自己能够再迅速回去防守自己对位的进攻球员。每个防守球员的敏捷度是不同的，速度较快的防守球员可以往强侧回收得深一些。每名球员都要遵循这条原则来找到合适自己的回收位置，即保证自己可以阻断或干扰到持球人传给自己防守的进攻球员的传球。所以，球员需要根据持球人和他对位进攻球员的位置来不断调整自己的防守位置，来兼顾回收和回放自己球员间的平衡。但有一种情形是例外的，即当低位的进攻球员接到球后，同侧的侧翼防守队员不要过来协防，因为这种时候，一旦过来协防，低位进攻者很容易将球分给侧翼队友，而协防的队员通常情况下都无法再及时回防了。

- 绕前防守3秒区内的对方球员

完全地绕前防守低位进攻球员，会使我们失掉好的抢篮板球的位置。所以一般都是在前防守低位的进攻球员，这样可以保证很好地干扰其投篮的位置和抢篮板球位置。但一旦进攻球员在三秒区深处要到位置，这样的威胁太大了，防守球员需要采用绕前防守的策略。

- 对于优势明显的所有低位进攻，都进行夹击

因为我们防守中在必要的情况下允许换防，所以有可能会出现在低位进攻位置上的小防大。这种情形下，我们包夹低位的进攻球员。还有其他的一些类似的情形，这条原则适用于优势明显的所有低位进攻情形。

- 尽量去封盖，而不是制造进攻方的撞人犯规

在是防守方阻挡犯规还是进攻方撞人犯规的模棱两可的情形中，大部分都是判了防守方的犯规。很多教练都认为造进攻犯规很容易，但实际上吹罚的次数远低于教练的预期。所以球员尽量去封盖投篮而不是去制造进攻撞人犯规，这样即使封盖不成功，也能够很有效地干扰对手的投篮。

- 只有在对手有上篮威胁的时候才进行协防，可以去掏对方的球，但要同时保证自己能迅速回防自己对位的球员

处于协防位置的防守球员一般只是假装去协防、掏球，只有在对手有直接的上篮威胁时才真正过去帮忙防守。因为若是防守球员丢掉自己的防守人而去协防，就会让对方很多空位出手的机会，防守者也赶不及回来干扰投篮了。看任意一场 NBA 比赛，你会发现很多时候进攻方突破后吸引协防，然后传给底角空位球员。在 NBA 比赛中，球员突破到中路的投篮命中率低于 40%，然而，经常是突破吸引防守然后传出去给处于空位的队友投篮，此时的命中率高达 68%。这种协防是不是得不偿失了，为了去协防仅有 38% 命中率的投篮机会，而让对手找到了高达 68% 的空位投篮机会。

★ 低位防守原则

- 通过身体接触或在前防守，迫使低位的进攻球员离开低位进攻位置。
- 绕前防守3秒区内的对方球员

★ 防突破原则

- 迫使持球人往中路运球

如果持球的进攻球员位于弧顶位置，我们不能让他直线突破攻击篮筐。如果持球人在侧翼，我们不能让他从底线突破。我们让对方觉得很难突进去的隐形协防都是在中路。

- 用不犯规的方式来将对手的突破限制在距离篮筐8英尺以外的区域

突破后的上篮、造犯规罚球和传球都是非常有威胁的进攻手段。我们需要阻止对手的这些有威胁的进攻方式。我要求球员们要注意力高度集中，用防守脚步将持球人的突破挡在距离篮筐 8 英尺以外的区域。防守球员不需要用太多的身体接触，但一定要足够快，保证防守始终处于球的前方。

我们不能让持球人直接突破上篮，但可以放掉他们在突破时的跑投。同时我们要避免犯规和控制他们的传球路线。

• 尽量迫使对方突破的球员使用跑投的方式来投篮，而不是急停跳投

我们发现即使是 NBA 级别的球员的跑投命中率也是十分低的，很少有球员擅长此类投篮。所以我们主要防守突破队员的其他投篮方式，尤其是中距离的急停跳投。我们尽量阻止对手的这类中距离急停跳投。

★ 有球掩护的防守原则

• 限制突破是第一要务

• 防守掩护者的球员要在自己和掩护者之间空出一定距离

• 防守持球人队员要根据情况选择最佳的挤过或穿过掩护的路线来阻止对手的突破

• 有必要的话可以换防，一旦换防，要注意绕前防守往篮下空切的进攻球员，同时注意控制持球人的突破

这些防有球掩护的步骤写得都很明确，很多球队都使用很多有球掩护的进攻策略，但其实它并没有大家想象中那么有效。如果防守方能够限制住掩护时进攻方往篮下的突破，防守方已经破掉了对方最有效率的得分方式。有球掩护的第二个威胁在于弱侧进攻者的跑位。所以我们作为防守方，不应当将防守重心都放在放有球掩护上，而要注意弱侧进攻者的动向。尽量不要用轮转防守，这样是避免我们防守陷入混乱的关键。对手靠打有球掩护会得到一些分数，但靠这个是无法最终赢得比赛胜利的。

★ 无球掩护的防守原则

• 防守空切人的球员要从掩护的有球侧挤过或穿过，除非防守者判断出空切人准备使用闪切的方式

• 防守掩护者的球员要在自己和掩护者之间空出一定距离，方便队友穿过，但马上就要迅速回位来防守自己的球员

• 只有在非常危险时才能换防

★ 全场防守原则

- 在对方界外发球的进攻球权中，使用3/4场的对球施压防守策略
- 按照特定指导来使用包夹
- 根据指导来使用跃进防守策略

我认为对持球人在后场推进时就施加一些防守压力是必要的，这可以延误他进入前场的时间，同时让他的队友时刻注意去接应他。如果让持球人随意地就将球推进到前场，这会给防守方带来不利影响。

****

这种球线防守看起来太简单了，大家可能会质疑它的价值。但正是因为它的简单使得球员和整只球队都可以很快地在比赛中灵活运用它。快速且聪明的防守调整是阻止好的进攻球队得分的关键。这个防守的有效性已经被证明过了，我使用它已经超过40年，而且我很多助手和之前手下的球员，在他们做教练后，也使用这项防守策略，赢得了很多次的冠军。

当我还是一名大学篮球教练时，我的一位助手后来去了另外一所大学执教。他使用的正是读者们之前看到的防守原则。他取得了很多成功。他的一位助教杜比·史密斯（Tubby Smith）后来执教了肯塔基大学并赢得了NCAA的总冠军。杜比使用的正是球线防守。几年前我跟他聊过，他提到他从未更改过这些球线防守原则。我要求他把他所使用的防守原则发给我，他照做了。

读到他发来的防守原则时我有点震惊。因为里面的一字一句都正是我40年前所写下的。这些防守原则被用到了很远地方的球队中，经过了上千场比赛的检验。任何一名正确使用这些防守原则的教练都会指出这些防守原则对球队防守的重要性。

要记住，球线防守是应对对手在间隙期内进攻的绝佳防守策略。在这些比赛时间段内，球队要面对的是不可预测的进攻，同时又没有时间来组织防守阵型。正是球线防守解决了上述的两个问题，才使得它在间隙期内如此有效。我刚开始并没有意识到这一点，等我真正理

解了比赛中间隙期的价值后，我才真正理解了球线防守的价值。

实际上间隙期对所有的防守策略都提出了挑战。球员需要一些防守上的指导，总不能让他们头脑空空地去上场防守吧。但我觉得球队很难熟练地做到用一种防守策略来防对手进攻战术，再用另一种策略去应对对手间隙期内的进攻。所以，我觉得有必要找到一种防守策略能够来有效应对所有的比赛场景。我找到了，答案就是球线防守。

第21章 球线防守原则

第22章

球线防守的教学理念

教授原则框架下的防守同教授 Monk 进攻类似。差别在于，进攻是主动的，而防守相对比较被动。进攻的总会占些优势。但和进攻中的表现一样，球员防守端的表现也要被训练成本能习惯。所以相应的防守端的训练理念和进攻端的训练理念是一致的。我自己总结了一些很有成效的教学指南，我和我的助手们一直都在使用着。

1. 教学指南

（1）教练要非常非常地投入到防守项目的训练中来。因为球员都不太喜欢练习防守，教防守是最难的。为了克服这一点，教练需要投入更多的教学热情去鼓舞球员。

（2）和之前一样，让训练项目尽量简单，并且反反复复练习，直到球员能够将此防守技术本能地运用出来。

（3）如果你希望你的球员可以防住持球人的突破，你就需要花许多时间来练习他们的防守移动（脚步移动）和1对1的防守。

（4）在乱战期内球员很难应对所出现的各种情况，但他们首先需要学会去识别这些比赛场景。例如，球员需要识别出对方此时正在打弱侧掩护的一种形式，然后知道该如何去防守。

（5）在每日训练的开始阶段练习防守，因为开始时球员的精力充沛，到后期就算很累了他们还是愿意练习进攻，但他们不会在很累的情况再练习枯燥的防守。若是强行练习，则效果就很差。

（6）让球员先看一看最后整体防守是什么样子，然后再分解成各个子部分来练习，这样做非常重要。

（7）每天都要练习防突破、干扰投篮和抢后场篮板球等项目。

2. 球线防守的练习项目

市面上的书或一些教练员培训班中都会介绍许多防守方面的练习项

目。我更喜欢自己来设计防守项目。因为，我希望我的练习项目能同我的防守体系紧密联系，而大多数从培训班中听来的防守项目都和我自己的防守体系联系不多。还有一点原因是我发现我在教自己设计的项目时会更加得心应手。下面给出的这些练习都是被证明过的、可以有效提高球队球线防守水平的训练项目。这些就是我所使用的全部项目，会在一个赛季中每天都练习它们。下面用一些图来帮助大家更好地理解这些训练项目。

- 球线防守的整体概念

这个并不是一项练习，但我们应对在给球员介绍球线防守的早期阶段就给球员们讲这个问题。而且，要在球场上演示一下。

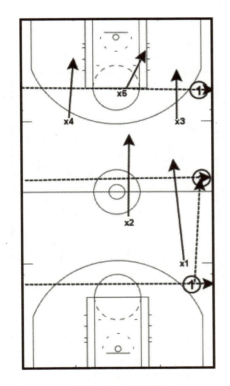

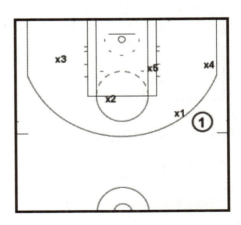

图 22-1　球线防守全场示意图

这张图中随着1的移动，分别有三个时间段的球线位置（带箭头的虚线所示）。5名防守人都需要处于球线和本方篮筐之间的区域内。

图 22-2　球线防守半场示意图

在半场进攻中，防守都会往篮筐方向回收，所以5名防守人都需要回撤到球线以下。

- 贝壳防守

这个防守项目是来练习防守时的人球兼顾、从在前防守的位置切换到回收的位置再切换成在前防守的位置和对持球人的防守位置。在刚开始练习这个项目时，进攻球员之间的传球要慢，而且进攻球员不允许移动。教练喊传球，球员才能传一次球，直到教练再次喊传球，球员才能传第二次球。这么做的原因是让球员们不断体会自己该站的正确位置在哪，自己实际上又站在何处。慢慢的，随着练习次数的增加，可以加快传球的速度，进攻球员也可以按照事先指定的路线去跑动，到最后可以允许进攻球员慢慢突破。这个项目也可以只有一名进攻后卫站在弧顶的位置来传球。

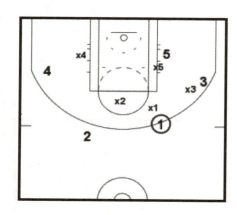 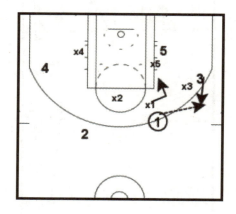

图 22-3 半场贝壳防守练习（1）

本图中给出了半场贝壳防守时各个防守球员正确的防守位置。这些防守位置的确立依据的都是前面介绍过的防守原则。

图 22-4 半场贝壳防守练习（2）

侧翼的进攻球员3被防守球员x3在前防守，他不得不需要跑出来一点再接球，防守球员x1往持球人3的方向上移动一步，然后迅速后撤到球线位置上。

图 22-5 半场贝壳防守练习（3）

这是进攻时球转移到侧翼位置后各个防守队员的防守位置。这种防守情况下，会让进攻球员感觉到难以运球突破——隐形协防的概念。

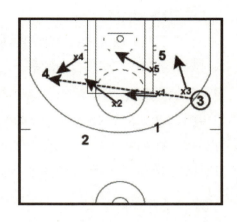

图 22-6 半场贝壳防守练习（4）

若是球被大范围转移到对侧，从3传到4手中，则各个防守人的移动路线如图所示。隐形的协防又可以被建立起来。

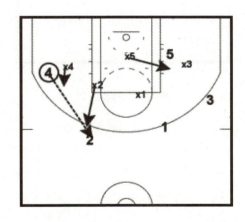

图 22-7 半场贝壳防守练习（5）

当球从球场的一侧转移到另外一侧时，详见图22-8。防无球的防守球员需要学会如何从强侧的在前防守变为弱侧回收防守，再从弱侧回收防守转换为强侧在前防守。

图 22-8 半场贝壳防守练习（6）

• 防守脚步练习

我使用两个项目来练习球员的防守脚步。每天都会在整个练习开始阶段让球员练习这两个项目中的一个，然后第二天换另外一个，如此交替反复，每天都会练。图 22-9 中的练习尽量使用全场来获得更大的活动空间。这里图 22-9 中画出的是在半场上的练习，实际上我用的是全场。图 22-10 中，球员按照教练的指令来完成脚步移动，然后去对侧排队准备练习，在球场三秒区的两侧都要习惯脚步移动，这很重要。

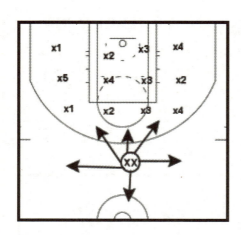

图 22-9　两个防守脚步练习（1）

我们使用全场来获得更大的空间。教练用手来示意球员需要滑步移动的方向。一般让球员做3～4组练习，每组持续约20秒。这并不是一项体能练习，但教练需要注意球员在比赛中会经常用到的6种滑步移动。

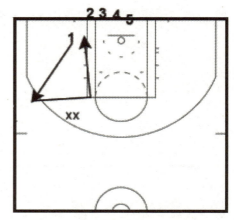

图 22-10　两个防守脚步练习（2）

球员首先的侧滑步是模拟防守侧翼时的在前防守的脚步动作；在罚球线延长线和三分线的交汇处，球员甩左脚，从侧滑步变成横滑步到高位肘区，然后甩右脚再滑到底线。教练要不断鼓励球员并纠正球员出现的问题。这项练习要保持高强度。

- 1对1的全场防守练习

这项全场的练习项目是我们最初练习防突破的项目。它可以帮助球员学会如何控制正在运球中的进攻球员的突破。刚开始练习时，教练需要要求进攻球员慢慢地运球，防守球员保持正确的防守姿势和位置，等防守球员熟练掌握了这些后，再慢慢让进攻者加快运球速度，尤其是当运球者到达对面半场的弧顶位置时，就要全力以赴地去突破和防守了。

- 1对1的半场防守练习

这是一个非常简单的1对1练习项目，但它是我们防守体系下最重要的练习项目，需要经常练习。防守球员x1在前防守进攻球员1，但允许1接到弧顶教练的传球。然后x1调整防守位置来防守持球的1。x1需要尽量去将1的突破限制在距离篮筐8英尺以外的区域。每次练习后，攻防角色互换，球员所处的队列也互换。

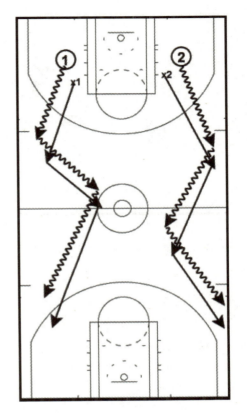

图 22-11　全场1打1练习

球场两侧同时练习，每队都是用半边的场地。运球者用半速来运球，让防守者有机会逼迫自己变向运球。当进攻者运到对面弧顶时，开始全速突破。所有的队员都做完一遍后，集中在球场对面的底线位置，然后进攻和防守角色互换，再练习一次。

第22章　球线防守的教学理念

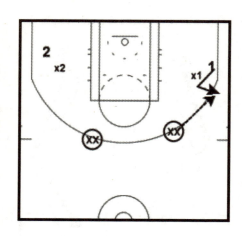

图 22-12　半场1对1练习（1）

图 22-13　半场1打1练习（2）

这是一个模拟实战练习。进攻球员使用V形切来在侧翼接到球，防守球员x1在前防守1但允许1接球。1有8秒的进攻时间。每次只能球场一侧的一对攻防球员在练习，每次练习结束后去球场对侧排队。

当1和x1组的攻防结束后，2和x2的攻防开始。每次练习后，每组中的攻防角色对调，然后去对侧排队。

- 干扰投篮练习

将球员分入不同的队伍来练习这个项目。一队中的3名球员上来防守，另一队上来4名球员在外围负责传球。教练将球传给任意的一名外围进攻队员，训练开始，直到外围的4名球员中的任意一名球员投篮结束。3名防守球员中必须保证在任何情况下，都有人去防守持球人。另外的两名站在三秒区的边线上。防守持球人的队员不能追着传球去防守，即当球传出去后，原先的防守持球人的队员迅速往下回收。进攻球员不允许做投篮假动作或突破。这是在模拟比赛中的乱战期。希望教会球员去尽量干扰对手的每次投篮，无论防守者离投篮的人有多远都要尽量跳起去干扰。防守球员要防3分钟，然后攻防角色对调。如果教练每天都练习这个项目的话，你将会在比赛中感受到它的巨大作用。

图 22-14 干扰投篮练习（1）

4名外围的进攻球员靠传球来创造出空位出手的机会，他们不许运球或做投篮假动作。3名防守者必须去干扰每次投篮。

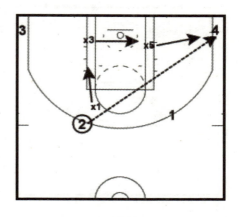

图 22-15 干扰投篮练习（2）

防守持球人的队员不能够跟着传球跑，当球传到下一个球员手中时，应当由另外两名中的一个去防这次的持球人。这种转换的过程如图所示。一旦有进攻球员投篮，离他最近的防守者必须去干扰投篮。

图 22-16 干扰投篮练习（3）

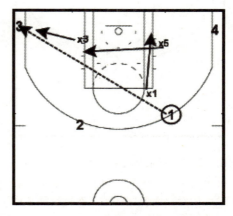

图 22-17 干扰投篮练习（4）

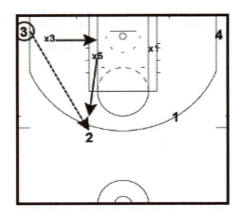

图 22-18　干扰投篮练习（5）　　　图 22-19　干扰投篮练习（6）

- 抢后场篮板球练习

　　这个练习的目的在于教会防守球员在球出手时该去哪里，以及要去抢球。所有的 5 名防守球员都要去抢后场篮板。经过一段时间的练习后，我用这个练习作为我们快攻的发起练习。

图 22-20　抢后场篮板球练习（1）　　　图 22-21　抢后场篮板球练习（2）

教练持球，防守球员都面朝教练，随着教练的指示来左右移动。然后教练将球投往篮筐，防守队员先守住各自的防守位置，然后全力去抢球。后卫（1和2）在球刚投出时，先要守住位置，不得往罚球线以下区域跑，但随后就可以满世界的冲抢后场篮板了。

这项练习是图22-20练习的高级项目，球员们需要先养成5人都去冲抢后场篮板球的习惯。教练将球传给肘区的球员，他马上再将球回传给教练，随后往下跑跟下面的球员互换位置，教练可以任意跟两侧的球员传接球，直到教练将球投出去。此时球员在练习过程中会体验自己处于抢篮板球的不同位置。

- 抢后场篮板球的原则

我教授的抢后场篮板球的理念和大多数教练是不同的，我不要求球员去挡住进攻人。因为如果球员把注意力放在如何去挡住进攻人上，他就无法积极地争抢篮板球，这时候他唯一能获得的只是正好掉在他身边的篮板球。相反的，我告诉球员只是要：1 简单地稍微挡一下进攻球员，2 快速地建立抢篮板球的好位置，3 观察球的飞行路线，4 一旦它触框就马上去争抢它。这里的全力去争抢是关键，无论球走到何处，我都要求我所有的球员去全力争抢。这也是我在上述练习中反复提到的。

抢后场篮板需要主动性和速度。我们花大量精力来提高我们这方面的能力。在防守体系中，我尤其重视上面提到的抢后场篮板的四条原则。我们每天都进行这方面的练习，使球队在比赛中受益良多。

- 有球掩护的防守练习

这个练习项目训练防守持球人和防护掩护人之间的默契配合，当球员熟悉这个项目后，就让进攻球员模拟真正的比赛中的情景去突破或投篮。防守持球人的队员需要学会摆脱掉掩护的方法和时机。

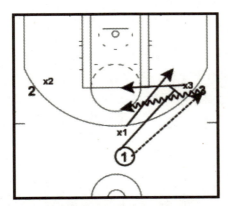

图 22-22　有球掩护的防守练习（1）

1在弧顶持球将球传给侧翼的3，然后过去给3做掩护。3等待1的掩护做好后再开始运球。防守1的x1需要在他和做掩护的1之间留出空间，让防守3的x3从此空间穿过，也就是从掩护的下方穿过。

图 22-23　有球掩护的防守练习（2）

本项练习是练习1延续，当球员能习惯地从掩护下方穿过时，可以建议球员选择最佳的方式来破掉进攻方的掩护。但防掩护人的球员依旧需要在他们之间留出一定的空间，往持球人运球的方向偏移一点，如果必要的话，两名防守者可以换防。

通过这些练习，最终防守持球人的球员将学会判断自己在哪种情况该直接从掩护的上方去挤过，有没有足够的空间让自己直接挤过去。以后的大部分时间内，球员都可以自己根据情况来选择该怎么来对付掩护。

这是我们唯一的对有球掩护的防守练习。它非常简单，强调保持防守的整体性。关键在于，球员积极主动地迅速从掩护下方穿过。当然，球员在这个练习中也会慢慢习惯自己何时该从掩护上方挤过，取决于是否有足够的空间。利用这些技术，我们就不必通过轮转防守的方式来防守对手的挡拆进攻了。

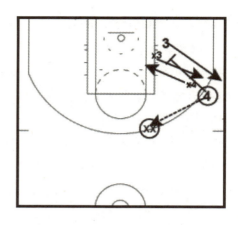

图 22-24　防守下掩护的练习

侧翼球员将球传给教练然后下去给底线球员做掩护。防守球员防住有球的一侧。空切人可以利用各种空切变化。防掩护人的球员应对留点空间让队友穿过，一旦队员穿过后马上紧贴着自己的防守人。一旦教练将球传给其中的任一名进攻球员，就进行真实的2打2比赛。

- 下掩护的防守练习

这项练习需要两队球员，一队球员在低位，另一队球员持球在侧翼。侧翼球员将球传给教练后，去给低位球员下掩护。进攻方可以利用之前介绍的各种下掩护空切变化来真实进攻。每次练习后球员的攻防角色对调，然后再对调所处的队列。球员需要在球场的两侧都反复练习这个项目。

- 弱侧掩护的防守练习

球员在练习这个项目时首先要跑熟这个过程中连续不断的进攻跑位。当加入防守时，依旧是进行连续不断的进攻跑位，直到进攻方投篮或出现失误。防守空切的球员总是需要从有球的一侧去穿过掩护，防守掩护的球员先帮助队友协防一下，然后马上找到自己的防守人。开始教这项练习时要慢，需要花上一些时间来反复练习，然后再让球员在接到传球后进行真实的模拟对抗。

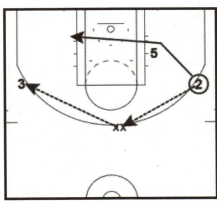

图 22-25 防守弱侧无球掩护的练习（1）

这是本项练习中的进攻流程，可以反复地循环进行。球既可以传给空切人也可以给掩护人，一旦传球，就进入真实的模拟比赛场景。

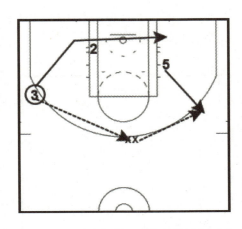

图 22-26 防守弱侧无球掩护的练习（2）

首先让球员先跑熟这个进攻跑位，然后加上相应的防守。

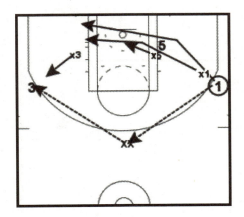

图 22-27 防守弱侧无球掩护的练习（3）

空切的进攻队员可以从掩护的上方或下方，而防守空切的球员则必须快速从掩护上方穿过。防守掩护的球员要留下些空间供队员穿过。

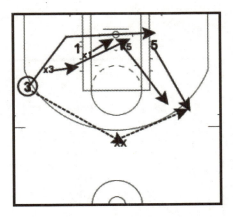

图 22-28 防守弱侧无球掩护的练习（4）

练习不断地进行，直到进攻方投篮。进攻方的不断的跑位如图所示。

- 防守UCLA空切和下掩护的练习

在这项练习中，防守球员将会遭遇一次背掩护和一次下掩护。防空切的球员同样还是从掩护的有球一侧去摆脱掩护，而防掩护的球员则需要留出空间帮助队友去穿过。防空切的球员需要快速调整位置来应对下掩护。

这个练习将会很好地挑战球队中那些最好的防守者。所有球员都要在三个位置上扮演攻防角色。

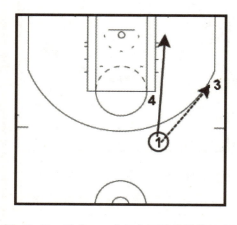

图 22-29　防守UCLA空切和下掩护的练习(1)

这是此练习中的进攻跑位部分。1传给3然后借助4的掩护空切到低位。

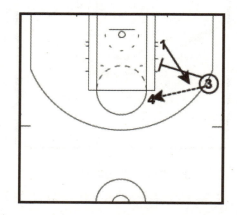

图 22-30　防守UCLA空切和下掩护的练习(2)

3将球传给4，然后下去给1做掩护。

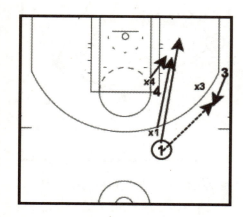

图 22-31　防守UCLA空切和下掩护的练习(3)

x1应对从掩护的有球一侧挤过，x4往下回收，如果必要的话，帮助x1来协防一下，然后马上回来继续防4。如果1是从掩护的无球侧空切，x1依旧从掩护的有球一侧挤过。x4需要注意来阻截3给正在空切的1的快速传球，等待x1追上1。

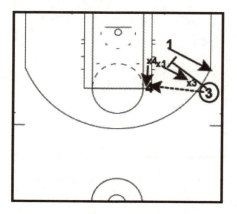

图 22-32　防守UCLA空切和下掩护的练习(4)

对下掩护的防守和之前的策略是一样的。

第23章
一些关于球线防守的额外想法

一支球队希望可以建立坚实的防守，那就必须能够是应对一些可预知的进攻打法和一些未知的比赛情形，这种防守需要能够来应对间隙期内的情形，因为我们已经知道球队在间隙期内的得分占最后总得分的最大比例。球线原则和球线防守可以有效地帮助球队来避免陷入混乱。而且就算是球队的防守混乱了，依旧可以运用原则来迅速组织起来。它适用于各个级别、各个水平的球队。

　　防守往往难以练到完美，球员总是会忽略它。因为防守好并不能带来太多荣誉和奖励。然而如果一直球队希望能够持续稳定地赢球，他的教练就需要重视防守并且不断地完善它。衡量一个教练执教能力的非常重要的一方面就在于，他是否能够教会球员如何去防守并不断完善球员和球队的防守能力。

　　对于球线防守来说，教练的作用至关重要。任何一项防守策略起作用都需要球员在防守端顽强努力，球线防守当然也不例外。只有一种方式会让球队的防守失效，那就是教练员不再去钻研防守、不再严格地执行它而且也不再激励球员去不断完善它。

　　先从防守练习开始吧。这些练习都是被证明过的有效项目。坚持不懈练习并使用它们，始终如一地坚持上述的防守原则，不要妥协。球员们总是会放松对自己在防守上的要求。不要放任他们这样做，要始终督促他们。教练员总是如此的坚持，球员们自然能体会到，最终也会习惯于去不断完善自己的防守能力。

　　最后还有一点必须再次被提到：如果你的球队可以做好防守的三个基本要素，包括防突破、干扰投篮和控制后场篮板，你的球队将可以与任何地方的球队来一较高下。

第24章

带摇摆人的区域防守
(ROVER ZONE DEFENSE)

基于规则的规定，我很少使用区域防守。但我发现在比赛的某些时候，区域防守的效果不错，事实上它帮助我们赢得了不少比赛。区域防守并不是我们防守体系的主要部分，它是一个我们整个防守体系的有效补充。Monk 体系下使用的区域防守是带摇摆人的区域防守。它看起来像 1-2-2 区域联防，但和 1-2-2 不同的是，摇摆人联防中有许多转换，而且摇摆人的角色使得我们的联防很独特。

最基本的转换过程在随后的内容中会被详细介绍，这些基本的转换过程很容易掌握，但它们并不能应对比赛中所发生的所有情形。所以，我们依赖一些原则来应对这一切。球员需要反复的训练来体会此联防和人盯人防守间的区别。在我们介绍联防的基本原则之前，先要明白摇摆人角色的重要性。而且更重要的是，所有防守球员都要学会如何来打摇摆人的位置。因为有时候特定的防守情境下，需要不同的球员来轮流担当摇摆人。

1. 摇摆人的职责

摇摆人的要求很简单，但需要球员有很多能量和耐力。只有一个原则：摇摆人要始终处于持球进攻球员和篮筐之间的连线上。这一点很容易明白，但教练不要理所当然地认为球员单靠文字理解就能明白，教练需要花些时间在场上给全体球员演示出来，给他们指出什么情况下哪一个位置才是摇摆人的正确防守位置。

摇摆人是为了防守进攻方往三秒区中部的传球或突破。这是摇摆人联防相对于其他联防来说的一大优点。它可以非常有效地阻止对方往三秒区的突破。因为摇摆人的存在，其他 4 名防守者就可以大胆地选择更理想的位置来防守外围进攻球员。

任何球员都可以充当摇摆人，但最好的人选是高且快的球员，这样的话，他可以更好地控制篮板球。对这个球员最重要的要求是积极主动和速度快。因为摇摆人要不断地随着球的移动而转变位置，这需要耗费他很多体力。他需要特别注意自己的防守位置，当球在底角时，摇摆人通常下沉的位置不够深，总怕一旦球转移到弧顶，自己无法及时回防到位。球员需要不断练习来建立这方面的防守信心，我们会在后面图示部分来解释这种进攻场景。

2. 一般原则和一些微调

（1）对持球人的防守不需要施加太多的压力，这样有利于防守方在对方的球转移后的整体移动。

（2）积极地去干扰所有的投篮。

（3）在有球掩护的情形下，防持球的人总是要从掩护上方挤过。

（4）时刻注意从弧顶和从弱侧空切过来的进攻球员。

（5）当空切人离开自己的区域去队友负责的区域后，要大声提醒队友。

（6）全队集体抢篮板球，对每一个球都全力以赴地争抢。

（7）一旦持球人突破，先临时变为人盯人防守，直到摇摆人阻止了突破后再恢复联防。

（8）在一些大范围的横传球进攻情形下，注意球的位置，同时要警觉到空切人的跑位。

3. 联防的位置和相应的调整

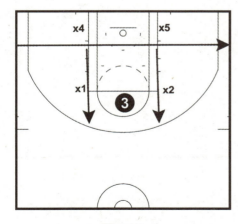

图 24-1

摇摆人联防的起始位置。每个人负责一块区域，黑圈里的3对应的就是摇摆人。

图 24-2

摇摆人的三个不同位置就是根据持球人和篮筐之间的连线来决定的，摇摆人总是要呆在三秒区线上或者之外。

图 24-3

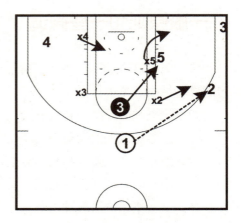

图 24-4

持球人在弧顶是摇摆人联防的防守位置。黑圈3对应的是摇摆人。当球在弧顶时，x4和x5必须阻断从弧顶到低位的传球路线。

当球在侧翼时，摇摆人立即站到正确的位置上，阻止从侧翼到低位的传球。x5可以不用在前防守5。

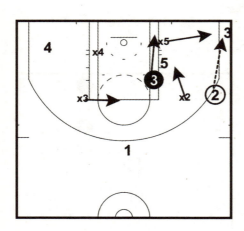

图 24-5

图 24-6

当球传到底角时，x5去防守持球人，摇摆人站在球与框的一条线上，注意不要被5挡在身后，而要在其身前来封住来自底角的传球。x3和x4需要警惕空切人进入他们的防守区域。x2要注意往下回收来阻止进攻球员传球或空切到图示中的特定区域。

图中给出了当球在很深的进攻位置时，摇摆人的正确防守位置。他就处于球和框的一条直线上。他不需要在前防守低位球员，也不要被低位球员挤到身后去。他会守住自己的位置，干扰一切往三秒区中间的传球。

图 24-7

当球从很深的底角位置转移到弧顶位置时,摇摆人无法及时归位来阻止弧顶持球人的行动。此时需要原来弱侧罚球线区域的防守人x1来充当新的摇摆人,而原来的摇摆人则去补上x1原来的防守区域。

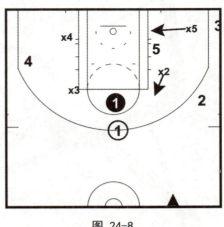

图 24-8

这时候x1就变成了摇摆人,x3去防守侧翼区域。

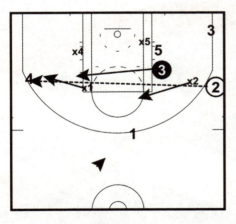

图 24-9

当球是长传从一侧转移到另外一侧时,摇摆人要立刻站到自己正确的防守位置上去。图中的x1和x4都可以去防守接球的4,究竟谁去防守,取决于4所处的进攻位置。

上述的这些图示给出了摇摆人联防中基本的移动过程。如果进攻方在攻联防时有很多跑动,那么防守队员就应当非常积极和机警地去运用这些原则。唯一的提高联防能力的途径就是让球队在比赛中多打联防和多做练习。要记住摇摆人可以很大程度上阻止对手的突破,这将使进攻方的进攻大都集中在外围。

摇摆人联防并不复杂,但教练需要不断让球员练习并给他们指出不足之处。一旦球队可以很好地使用此联防战术,将是对我们整个防守体系的很大补充。仔细研究上述的图示,然后练习、练习、再练习吧。

第24章 带摇摆人的区域防守(ROVER ZONE DEFENSE)

第25章
设计训练计划

球队要想战绩出色就需要高质量的训练，而高质量的训练又取决于精心的计划安排。在30多年的主教练生涯里，我可以问心无愧的说：我的每一次训练都是经过精心准备的。我可以用家中成箱成箱的训练日志本来证明，它们记录了我教练生涯的每一次训练计划。现在回顾执教生涯，最有价值的一件事就是我学会了如何很好地去制订训练计划。

如果你每次只用不到1小时的时间来为你的训练做计划，其实是在伤害你的球队。我通常会花上2小时时间来准备每天的训练。每一位教练都有自己的一套制订计划的方法，我从没见过优秀的教练会忽视计划的重要性。

读者们也许都有自己的方法，在本书中我给大家介绍我所使用的方法作为参考。需要提醒大家一句：经常会碰到一些教练很轻视为训练提前做计划。他们声称自己是凭感觉来安排训练的，我见过很多这样的人，我的经验告诉我通常这些教练的训练都是很糟糕的。

我的方法是先制定一个针对赛季前和训练营的总的训练计划。我将记下球队需要掌握的所有进攻、防守项目。然后我会根据总计划来逐项安排各个训练项目的引入时间，我为每个项目的学习都安排一个合适的时间过程，然后安排足够的时间来一步一步去实现它。用这种方法，我可以确保在比赛之前，球队有充足的时间练习一些必要的训练项目。

我用一种专门的方法来安排计划中训练项目的优先级顺序。我问自己如果我只有练习一个进攻项目的时间，我该选择哪个项目。一旦我确定了那个项目，我就将它添加到总计划中。然后，我再问自己第二个该练习的项目又是什么，就这样不断重复进行自问自答，就可以把所有项目的优先级顺序排好。运用同样的方法将防守项目也排好。这样做的好处在于我将球员最需要学的项目放在最开始去教。

在第一场比赛之前，总会有些项目还没有开始教，但我并不担心，因为最重要的一些项目我们都已经练习了很久，没有练习的肯定是不重要的。

每年这个总计划中的时间表都会出现一些调整。譬如我可能安排了三天去学习我们训练体系的某个部分，但实际上最后用了四天时间，我就会把这些变化体现在总计划中，然后对总计划进行调整。和大多数教练一样，每次第一场比赛开始时，我都觉得球队并没有完全准备好，但我可以肯定我们已经为最重要的部分做好了准备。

在随后我会给出一个总计划的范例。它其实是一个真实的训练总计划，是我在执教某支职业队时所制定的。这是一份为每个赛季做准备的常规计划。根据这个总计划，我来安排各项训练项目。你会看到，我对每个项目都注明了训练时间。我可能会调整每次训练中此项目的练习时间，但它的训练总时间将不会变。

下一章将介绍日常的训练计划，在看总计划的例子之前，我还需要提醒读者注意，有时候在赛季中，我也会制定一个总计划。比如说，如果赛季中我们有一段时间不用打比赛，我会为这段时间单独制定一个总计划。又例如，如果我们在为季后赛或者一次锦标赛做准备，我也会再单独制定一个总计划来保证球队能很好地应对这些状况。

一旦我们开始打比赛时，我就不用总计划了。那时候的每次训练内容都取决于当时的特定需要。随着赛季的进行，我们可以不断发现球队的优势和弱点，然后设计相应的训练来改进和完善。

这里有一句话，大家可能都听过，非常适合本章所想强调的重点：如果你没有做计划，你其实就是在为失败做着计划 (If you fail to plan, you plan to fail)。

训练安排1~7	训练安排8~14	训练安排15~21	训练安排21~28
非对抗性项目 560 分钟(80)	非对抗性项目 560 分钟(80)	非对抗性项目 560 分钟(80)	非对抗性项目 560 分钟(80)
拉伸	拉伸	拉伸	拉伸
防守脚步	防守脚步	防守脚步	防守脚步
不加防守的进攻练习	不加防守的进攻练习	不加防守的进攻练习	不加防守的进攻练习
体能练习	体能练习	体能练习	体能练习
其他待定的项目	其他待定的项目	其他待定的项目	其他待定的项目
防守：448 分钟 (64)	防守：448 分钟 (64)	防守：448 分钟 (64)	防守：448 分钟 (64)
人盯人：	人盯人：	人盯人：	人盯人：
贝壳防守练习	重复第一周的练习项目	重复第一周的练习项目	重复第一周的练习项目
干扰投篮练习	防守中路掩护和边路掩护	防守交叉跑位进攻 (Floppy)	
1对1防守	防守下掩护		带摇摆人的联防
侧翼在前防守	防守利用掩护的弧顶空切	介绍如何带摇摆人的联防	

第25章 设计训练计划

续表

训练安排1~7	训练安排8~14	训练安排15~21	训练安排21~28
低位防守	防守鹰式切入		每节快结束时的防守策略
封盖投篮	防守普林斯顿手递手进攻	贝壳防守+Monk进攻	
防守无战术的自由攻击	介绍如何防守快攻		
防守弱侧空切		介绍每节快结束时的防守策略	
防守弧顶空切			
防守篮板			
进攻:672分钟(96)	进攻:672分钟(96)	进攻:672分钟(96)	进攻:672分钟(96)
带防守和不带防守的Monk进攻	带防守和不带防守的Monk进攻	带防守和不带防守的Monk进攻	带防守和不带防守的Monk进攻
下掩护空切、投篮	重复第一周的练习项目	带防守和不带防守的空切1、2	带防守和不带防守的空切1、2
弱侧掩护空切、投篮	带防守和不带防守的空切1	介绍第二种给特定球员制造机会的战术	介绍第三种给特定球员制造机会的战术
弧顶空切	介绍如何空切2	半场接全场的Monk练习	介绍每节快结束时的进攻策略
劈切	介绍如何自主进攻	模拟比赛:20分钟	模拟比赛:20分钟
4打4	介绍一种给特定球员制造机会的战术	介绍底线球和边线球战术	比赛后期的进攻策略
5打5	半场接全场的Monk练习	快攻练习	
带防守和不带防守的空切1	模拟比赛:20分钟	后场篮板接快攻练习	
模拟比赛:15分钟	快攻练习	快攻接Monk进攻练习	
快攻练习	后场篮板接快攻练习		
后场篮板接快攻练习	快攻接Monk进攻练习		
快攻接Monk进攻练习			

第26章

前12周的
训练计划

每日训练计划需要设定出明确的形式，这样就可以直接运用到日常的训练中。计划中需要包含训练日期和训练编号，有足够的空间来填写每个练习项目的起始时间和持续时间。每项练习的名称和该练习项目所需要的相关设备，这样就可以方便后勤支持的人员依照此计划来提供相应设备。

下面我们会给出一个常用的训练计划表，上面也填写了相应的训练项目。其实有各种各样的训练表格形式，本书呈现的这个很简单，但却很全面。可以将每日的训练计划复印给教练和后勤支持人员。另外在给球员贴一张用于告示。

每天前30min的训练都是一样的，交替使用两个投篮练习和两个防守滑步练习。还有一个每天都一致的地方是：防守项目都是被放在训练的前期阶段。因为球员在开始阶段精力充沛，到后期即使有些累了，他们也很有兴趣练习进攻性的项目。训练中最后安排的是球队整体练习和模拟比赛。在早期的训练中，我们安排了明确的体能项目，它被放在每天球场训练的最后阶段。

我希望每天保持两个小时的训练时间。我要求球员准时到球场，当然我也会准时到场。

每个训练项目的时间要尽量短。在第一天介绍新训练项目时，用15～20min，到第二天再练习这个项目，会将其压缩至10～15min。当球员越练越熟时，这些时间还会再缩短。不要安排惩罚性的训练项目，这样会给球员传递错误的信息，慢慢的，他们会把训练和比赛当成一件苦差事。训练会非常辛苦，但持续时间并不少，因为长时间的训练将会让他们不堪重负。

时间	训练项目	装备
上午10:00	训练前谈话	X
10:05	投篮练习 #1	8个球,计时器

续表

时间	训练项目	装备
10:15	拉伸	X
10:25	滑步练习 #1	X
10:30	封盖投篮练习	1个球
10:40	5人篮板球练习	1个球
10:50	5打5的全场练习	1个球
11:00	2人快攻练习	5个球
11:10	下掩护练习	3个球
11:20	空切战术1，不加防守人	2个球
11:25	空切战术1，加防守人	1个球
11:40	5打5的全场Monk进攻练习	1个球

1.Monk 体系前 12 天的每日训练计划

接下来将介绍前 12 天的训练计划，以此来更明确地呈现 Monk 体系的训练安排。教练们可以参考这些每日计划来使用本书中推荐的训练方法。

我在训练时会严格遵守训练计划中所设定的先后顺序。可能有些时候，根据特定的情况，我会做出一些微调，但还是倾向于坚持原先计划中的顺序。如果教练们打算实践本书中提到的训练方法，请严格并忠实地执行这些训练计划。尤其是对于 Monk 体系的初学者来说，更加需要严格按照本书所写的训练计划来做，就像新厨师要严格遵循食谱去烹饪美食一样。我们之前都对这些训练项目有了详细介绍，而且也会在后面的教练执教手册中对它们进行汇总。

时间	训练项目	设备
下午3:00	训练前谈话	X
3:05	投篮练习 #1	8个球；计时器
3:20	拉伸	X
3:35	滑步练习 #1	X
3:40	贝壳防守练习	1个球
4:00	5人篮板球练习	2个球
4:10	5人快攻练习	2个球
4:20	Monk 进攻	2个球
4:40	弱侧掩护练习	3个球
4:55	体能练习 6组	计时器

注释：

1. 由于是第一次练习，所以每个项目都可以额外多安排一些时间
2. 体能练习项目是计时的折返跑，球员需要在 30 秒内完成一组。

时间	训练项目	设备
下午3:00	谈话	X
3:05	投篮练习 #2	8个球，计时器
3:20	拉伸	X
3:35	滑步练习 #2	X
3:40	贝壳防守练习	1个球
4:00	5人篮板球练习	2个球
4:10	5人快攻练习	2个球
4:20	Monk 进攻	2个球
4:40	弱侧掩护练习	3个球
4:55	体能练习 6组	计时器

注释：

1. 这和第一天的练习是一样的，除了投篮 1 和滑步 1 练习外。
2. 这些都是我们训练体系中最基本的项目，我们希望用更多的时间来让球员去熟悉它们。

时间	训练项目	设备
下午3:00	谈话	X
3:05	投篮练习 #1	8个球，计时器
3:15	拉伸	X
3:25	滑步练习#1	X
3:30	贝壳防守练习	1个球
3:45	1打1防守练习	2个球
4:00	5人篮板球练习	2个球
4:05	5人快攻练习	2个球
4:15	弱侧掩护练习	3个球
4:25	不带防守的Monk进攻	2个球
4:35	半场的4打4练习	2个球/计时器
4:50	体能训练7组	计时器

注释：

1. 大部分重复练习的项目训练时间缩短，因为球员不再需要教练过多地指导。
2. 引入两个新的训练项目。
3. 体能训练项目每隔两天多加一组练习。

时间	训练项目	设备
下午3:00	谈话	X
3:05	投篮练习#2	8个球，计时器
3:15	拉伸	X
3:25	滑步练习#2	X
3:30	贝壳防守练习	1个球
3:45	1打1防守练习	3个球
3:55	2打2在前防守练习	1个球
4:10	5人快攻接Monk进攻	2个球
4:25	下掩护练习	3个球
4:40	不带防守人的Monk进攻	2个球
4:45	4打4半场进攻	2个球/计时器
4:55	体能训练7组	计时器

第26章 前12周的训练计划

注释：

1. 新加一个防守项目和一个进攻项目。
2. 快攻练习将延伸到 Monk 进攻。

时间	训练项目	设备
下午3:00	谈话	X
3:05	投篮练习#1	8个球，计时器
3:15	拉伸	X
3:25	滑步练习#1	X
3:30	1打1全场防守练习	3个球
3:40	2打2在前防守练习	2个球
3:55	5打5全场防守练习	1个球
4:05	5人快攻接Monk进攻	2个球
4:15	下掩护练习	3个球
4:25	带防守人的Monk进攻	1个球/计时器
4:40	模拟比赛	1个球/计时器
4:55	体能训练 8组	计时器

注释：

1. 新加一个防守练习。
2. 第一次使用带防守队员的 Monk 进攻。
3. 使用模拟比赛来运用全场的攻防技术，场面看起来会很难看。

时间	训练项目	设备
下午3:00	谈话	X
3:05	投篮练习#2	8个球，计时器
3:15	拉伸	X
3:25	滑步练习#2	X
3:30	1打1全场防守练习	2个球
3:40	2打2在前防守练习	2个球
3:50	5人全场防守练习	1个球
4:05	5人快攻接Monk进攻	2个球
4:15	反切练习	3个球

续表

时间	训练项目	设备
4:25	下掩护练习	3个球
4:35	弱侧掩护练习	3个球/计时器
4:40	4打4的全场接半场再接全场练习	计时器
4:55	体能训练8组	计时器

注释：

1. 新增了反切练习。
2. 对之前的大多数练习进行复习。
3. 我们最多进行11组体能练习，然后再降低到9组，接着我们会停止体能练习。

时间	训练项目	设备
下午3:00	谈话	X
3:05	投篮练习#1	8个球，计时器
3:15	拉伸	X
3:25	滑步练习#1	X
3:30	贝壳防守	1个球
3:40	2打2在前防守练习	2个球
3:50	4打4的防守练习	1个球
4:05	反切练习	3个球
4:15	下掩护练习	3个球
4:20	2打2的侧翼传球练习	2个球
4:30	不带防守人的Monk进攻	2个球/计时器
4:35	4打4的全场接半场再接全场练习	1个球/计时器
4:55	体能训练9组	计时器

注释：正常的训练进度。

时间	训练项目	设备
下午3:00	谈话	X
3:05	投篮练习#2	8个球，计时器
3:15	拉伸	X
3:25	滑步练习#2	X
3:30	贝壳防守练习	1个球
3:40	1打1全场防守练习	2个球
3:50	干扰投篮练习	1个球
4:05	5人快攻接Monk进攻	2个球
4:15	下掩护练习	3个球
4:25	弱侧掩护练习	3个球
4:30	不带防守人的Monk进攻	2个球
4:35	4打4的全场接半场再接全场练习	1个球/计时器
4:55	体能训练9组	计时器

注释：

1. 增加来干扰投篮练习。
2. 使用全场接半场再接全场的4打4练习。

时间	训练项目	设备
下午3:00	谈话	X
3:05	投篮练习#1	8个球，计时器
3:15	拉伸	X
3:25	滑步练习#1	X
3:30	贝壳防守	1个球
3:40	干扰投篮	1个球
3:50	2打2在前防守练习	2个球
4:05	5人快攻接Monk进攻	2个球
4:15	下掩护练习	3个球

续表

时间	训练项目	设备
4:25	弱侧掩护练习	3个球
4:30	不带防守人的Monk进攻	2个球
4:35	5打5全场接半场再接全场练习	1个球/计时器
4:55	体能训练10组	计时器

注释：

1. 体能训练的要求非常高了。
2. 20分钟内5打5后再来10组冲刺折返跑。

时间	训练项目	设备
下午3:00	谈话	×
3:05	投篮练习#2	8个球，计时器
3:15	拉伸	×
3:25	滑步练习#2	×
3:30	贝壳防守	1个球
3:40	干扰投篮	1个球
3:50	1打1全场防守练习	2个球
4:05	5人快攻接Monk进攻	2个球
4:15	劈切练习	3个球
4:30	弱侧掩护练习	3个球
4:40	不带防守人的Monk进攻	2个球
4:35	4打4的全场接半场再接全场练习	1个球/计时器
4:55	体能训练10组	计时器

注释：

1. 加入了劈切练习。
2. 前阶段已经加了足够多的进攻和防守练习。
3. 现在需要对它们反复练习直到可以本能地运用出来。

时间	训练项目	设备
下午3:00	谈话	X
3:05	投篮练习#1	8个球，计时器
3:15	拉伸	X
3:25	滑步练习#1	X
3:30	1打1半场防守练习	2个球
3:40	干扰投篮练习	1个球
3:50	5打5全场防守练习	2个球
4:05	5人快攻接Monk进攻	2个球
4:15	劈切练习	3个球
4:30	弱侧掩护练习	3个球
4:40	不带防守人的Monk进攻	2个球
4:35	5打5的全场接半场再接全场练习	1个球/计时器
4:55	体能训练11组	计时器

注释：

1. 如果是执教职业球员，我会在此时就加入固定的半场阵地进攻战术。
2. 如果是执教缺乏经验的球员，最好还是进度慢一点。

时间	训练项目	设备
下午3:00	谈话	X
3:05	投篮练习#2	8个球，计时器
3:15	拉伸	X
3:25	滑步练习#2	X
3:30	1打1的半场防守练习	2个球
3:40	干扰投篮练习	1个球
3:50	2打2的在前防守练习	2个球
4:00	5人快攻接Monk进攻	2个球
4:10	劈切练习	3个球
4:20	反切练习	3个球
4:30	不带防守人的Monk进攻	2个球

续表

时间	训练项目	设备
4:40	5打5的全场接半场再接全场练习	1个球/计时器
4:55	体能训练11组	计时器

注释：

1. 到今天12个练习已经全部结束。
2. 球队已经打下了坚实的Monk进攻基础。
3. 以后的训练项目可以参考下面的教练战术指南。

第27章

Monk 体系训练项目手册

在本章中，我列出了用来完善我们Monk体系的所有训练项目。手册中包含着许多项目，在本书中并没有一一都讲到。这些未讲到的练习项目对于体系的教学来说并不是非常有必要的。

防守	进攻	快攻
贝壳防守练习	不带防守人的Monk进攻	2人快攻练习
5打5全场练习	半场接全场的5打5 Monk进攻	5人快攻接Monk进攻
1打1全场练习	不带防守人的弱侧掩护进攻	
1打1半场练习	不带防守人的下掩护进攻	
2打2的在前防守练习	不带防守人的劈切进攻	
5人篮板球练习	弧顶空切练习	
干扰投篮练习	弱侧空切练习	
封盖投篮 练习	反切练习：弧顶和侧翼	
防守快攻练习	半场接全场的4打4 Monk进攻	
下掩护防守练习	不带防守人的空切1进攻战术	
4打4防守练习	带防守人的空切1进攻战术	
弱侧掩护防守练习L	2人侧翼配合传球练习	
	不带防守人的自动进攻战术	
	自动进攻战术	
	2打1的传球练习	
	2人传球练习	
	自动进攻练习	
	底线空切练习	
	不带防守人的空切2进攻战术	
	带防守人的空切2进攻战术	

Ron 和他的 Basketball Talk Pro

Monk 体系训练项目

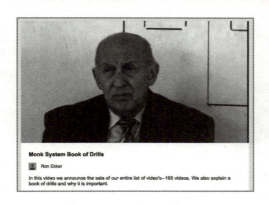

在这个视频中,我们将之前的 165 个视频汇总打包,以方便有需要的教练们购买,同时我也谈到了一本关于训练项目方面的书,其中的内容和视频是对应的。

谁拥有训练体系?

在本视频中我们举一些例子来谈谈一套训练体系对教练和球员的作用。

Monk 进攻 VS 摇摆人区域防守

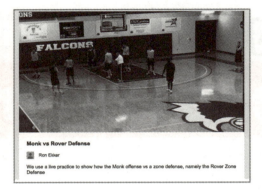

视频中是一段球场攻防训练片段，进攻球队打的是 Monk 进攻，防守球队用的是带摇摆人的区域防守。

教练员应当遵循的法则

这一视频中，我们分享了一本描述日本武士法则的书，并将其中的内容同教练员生活和工作的内在意义联系起来。

如何提高篮球执教的技艺？

这一视频中，我们来谈 5 个步骤，以帮助我们更好地掌握执教的艺术。

Dean Smith 教练

向 Dean Smith 教练致敬，他是一名伟大的教练，更是一个非常优秀的人。

4 VS 4 防守训练项目

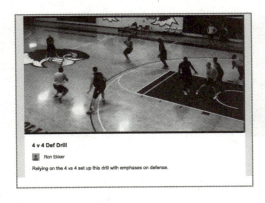

通过4防4的半场练习，来强化我们的防守。

为什么要用区域防守

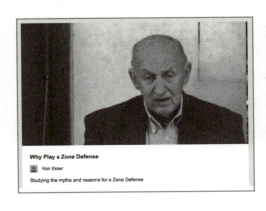

本视频中我们来谈谈使用区域防守时的要点以及使用它的原因。

教练员的休赛期

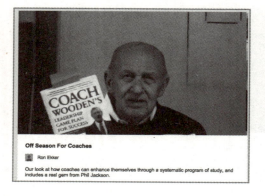

本视频中我们来谈谈在赛季的休赛期教练该如何系统地学习来提升自己，同时来听听菲尔·杰克逊教练的说法。

家长、校友的管理

在任何级别的球队中，都会存在和家长沟通、校友沟通的问题。在本视频中，我们会谈谈如何来协调这些关系。

篮球统计数据简介

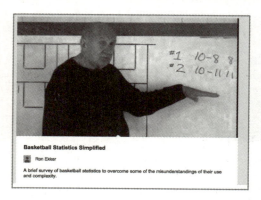

本视频中简短地介绍了统计数据在篮球领域的应用，帮助大家来澄清一些对篮球数据复杂性的误解。

非常有效的盖帽练习项目

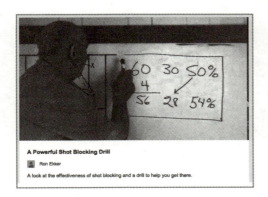

本视频中讲解了一个盖帽练习的项目，它能有效地帮助球队的防守。

给教练们的一点提醒

给教练们的非常简短的一段小提示，但却非常重要。

研究你的对手，做好准备

视频中讲解了4个步骤，帮助我们来准备比赛，更好地研究我们的比赛对手。

三人传球练习

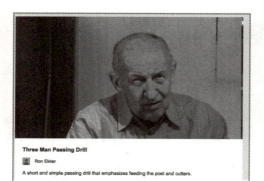

本视频介绍了一个非常简短的传球练习,重点练习如何传球给内线和传球后的空切移动。

最不可或缺的一个训练项目

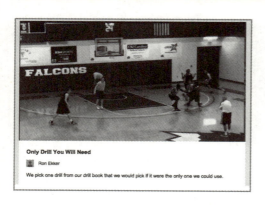

如果时间只允许我们练一个训练项目,我会推荐大家来练习这个训练项目。

Jose Lopez 的故事

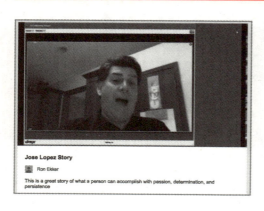

本视频中介绍了一个故事,关于热情、决心和坚持。

探寻隐藏的秘密

平庸和优秀的区别往往在一些细微之处,但正是这些细微的秘密造就了大不同。

4 VS 4 抢篮板球练习

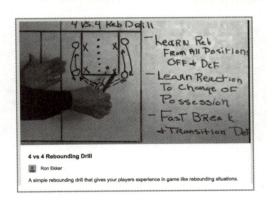

本视频里介绍了一个简单的抢篮板练习,它贴合比赛中的实际情形,帮助球员提升他们的篮板球能力。

教练员的时间管理

在本视频里我们谈谈教练员如何来更好地管理好自己的时间。

提升篮球执教技艺的课程

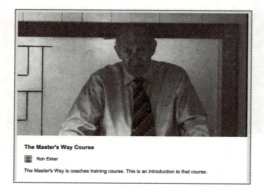

本视频是介绍执教技艺的课程。

对 4 个防守概念的质疑

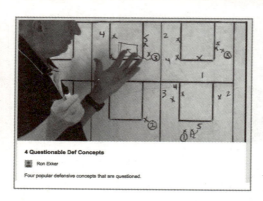

在本视频中，我们谈到了 4 个目前流行的防守概念，并且提出了我的观点、对它们进行反驳。

和 Dick Lien 的谈话

在本视频中我们找到一名备受尊敬的老教练来跟大家分享他的执教经历。

后记

我以一封信的形式开始了本书的写作，但在开始进入本书真正关键部分的时候，也就是从第二部分开始，我放弃了这种写作模式。但我十分希望本书能以书信的形式结束，尽情抒发自己的思想感情，做到善始善终。我与你们分享这些感情是因为在过去的这么多天里，我所写下的每一页都是为了你们，为了全中国热爱篮球的人们。我相信当你们考虑到这些所有的因素，就会发现这本书是独一无二的。因为它是由一位美国人特地为中国人而创作的。它不是为美国人写的，而是一本真真正正写给中国人的书。

事实上，对我自己来说，像是参加了一次奇异的旅程。在此，我也把这个小故事分享给你们。

我知道我们有着不同的信仰，但不管是什么样的信仰，我相信你都能理解我所尽力表达的信息。我的篮球生涯一直在专注于我们国家的篮球运动。出于某些原因，我有种隐隐约约的感觉，我一定要写一本书！这不仅仅是一种冲动，而是一种更深层次的坚定信念。我开始相信这是一个神圣的念头。最初，我一直在抵抗这个念头。每当我开始执笔写作，却又中途放弃时，我就把它当做是自己的心血来潮。但这种写作的冲动一直盘旋在我心头，挥之不去。

后来出现了一次到中国的机会，它是为一所篮球学校的球员和教练引进一套全新的训练体系，以求得学校的大发展。我并不觉得自己是最佳人选，但偏偏事与愿违。我反对这个决定，但它似乎没有任何改变的迹象。因此，它就这样不可阻挡的发生了。

我来到了中国。在那里，我除了工作什么都不做。学校就是我生活的全部。我只是尽力完成自己的任务，给教练和球员教授一套训练体系。但我遇见了许多足以改变我的人，我希望我也在以某种方式改变着他们。

经历了这一切，我经常想写一本书。最终，它使我

明白,这本书被远远大于我自身的一种力量(即全中国热爱篮球的人们)所需要着。在离开中国后,我有很多事情要做,但总有一种莫名的力量使我想方设法地投入到这本书的写作中。它在过去的几个月里,一直主导着我的生活。

到此本书已经完结了,我感觉它还不错。我不是职业作家,我也不确定这是否重要。因为我写这本书的目的是为它的内容,而非文笔辞藻。所以,我确定它并非完美,但我已竭尽全力向完美靠近。诚实的讲,我自己感觉这本书挺好的。它能帮助广大热爱篮球的中国人,使教练、球员、官员、媒体和家长们更好地理解篮球这项运动。

一本书能做的也只有这么多了。篮球技巧的传授更多的是手把手的传承。我倡导中国热爱篮球的人们可以真正关注来自我们国家的信息,分享我们已知的篮球知识。不仅要从言语上,更要在行动上。作为回报,我们将会分享你们古老的文化智慧和保留下来的生活方式。

感谢你们,我的朋友们!让我们携手把我们的生活变得更美满充实,让我们为伟大的人类贡献出自己的一份绵薄之力吧!

Ron Ekker 教练

致谢

　　写一本书不是件容易的事，尤其是除了写作之外还要将其翻译为其他语种出版。但我很有幸能得到两位好帮手的辅佐：Phoebe（宋薇）和Bob（高博）。Phoebe是这本书的编辑，是她一直以来的坚定和耐心促成了本书的成形。Bob负责整本书和配套视频的翻译，为此他倾注了满腔热忱，也牺牲了无数清晨和深夜的休息时间。我还要感谢我的妻子Ginger，正是她的多次仔细阅读为书稿实现了查缺补漏。

　　我要对NBA以及东莞篮球学校的相关人员表示真诚的感谢，正是他们的信任，让我担任了学校成立后的第一任篮球技术总监。对我而言，那是一段非常美妙的经历。中国的球员、教练、工作人员都令我印象深刻。虽然我们彼此语言不通，他们也从未接触过我的篮球理念，但学校里的所有人都是那么的信任我，让我有机会得以在中国推广我的篮球训练理念。

　　在这里还要特别感谢初慧教练，在我们的合作当中，她曾多次给予我一些很好的建议，这些有益的帮助使我减轻了许多负担。无论是对我个人来讲，还是对于整个学校而言，她的角色都非常重要。我还要感谢学校里的所有教练，他们非常棒，从认真学习新的篮球理念，到不断将其运用在日常训练和比赛中，Monk训练体系得以顺利执行，他们功不可没。

　　在中国工作期间，我非常享受和球员们在一起的时光，真希望有一天能邀请他们所有人来我家做客。我珍视他们每个人、也珍重与他们每个人的友谊，衷心祝福他们，无论是在篮球领域还是在篮球以外的更广阔天空，都能有大好的锦绣前程。

　　我还想对篮球学校的两名工作人员Ting（周婷）和Eva（李威）表示感谢，她们在学校运作层面给了我非常多的帮助。Ting善于协调、沟通有方；Eva工作勤奋，待人亲和。也很感谢篮球学校的行政总监Linn Li（李林）为学校发展付出的努力，还要感谢新世纪集团董事长梁志斌先生和篮球学校的李群校长，他们是这所学校的基石和缔造者，能被他们选中、成为学校的一份子，我三生有幸。同样不能遗漏的是我的两位助手：一位是我的翻译Jon（张耕源），我之所以有动笔写这本书的念头正是来源于他的建议。在中国的日子里，生活上的方方面面，他给了我很多帮助；另一位是我的行政助理Joyce（高少梅），虽然她加入到我团队的时间较晚，但来自她的支持，使得我每日的工作更加轻松和高效。

最后，我还要特别感谢NBA中国的相关工作人员：Greg、Cynthia和Kevin，从我初抵学校直至随后一年的工作中，他们都对我关怀备至，不仅如此，他们一直致力于中国篮球运动的推广和发展也值得敬佩。

于我而言，哪怕用一本书的篇幅来记录这些曾经帮助过我的人们都不为过，和他们在中国所经历的一切已经烙印在我心里，成为生命中不可或缺的一部分，每当回忆起那些人、那些事，深深的思念便会涌上心头。虽然如今远隔重洋，但是无法阻隔我对你们的思念和感谢，能与你们有一段美好的过往，我很满足。是篮球使我们结缘，是篮球让我们聚集到东莞篮球学校，是篮球帮我们战胜重重困难，也是篮球让我们共同构筑了独树一帜的训练体系。

Ron Ekker

附录　学生调查问卷结果

	1	2	3	4	5
1.在Monk进攻和球线防守中，你们都要学习并运用一些原则，你们觉得学习并使用这些原则的难度如何？（1代表最难，5代表最容易）	0 0	2 2%	21 24%	42 48%	22 25%
2.你们每月打差不多13场比赛，CBA的球员一年下来差不多打100多场比赛，你认为这些比赛对你们有帮助吗？（1代表没有帮助，5代表有非常大的帮助）	0 0	0 0%	5 6%	18 21%	64 74%
3.我们的训练项目都直接同球队的整体进攻和整体防守有关，例如下掩护进攻练习项目和2打2在前防守练习项目，你认为这些项目能够帮助你们提高吗？（1代表完全没帮助，5代表有 非常大的帮助）	1 1%	2 2%	8 9%	25 29%	51 59%
4.这些训练项目能否帮助到你更好的练习球队整体进攻项目和整体防守项目（1代表完全没帮助，5代表有非常大的帮助）	0 0%	1 1%	9 10%	25 29%	52 60%
5. Monk进攻是我们进攻体系的核心，打好它需要球员去遵守一些既定的原则，发挥想象力和即兴发挥能力。Monk进攻同时也赋予球员更多的自由。你认为练习Monk进攻能够帮助你提高进攻水平吗？（1代表完全没帮助，5代表有非常大的帮助）	1 1%	0 0%	13 15%	26 30%	49 56%
6. 球线原则下的人盯人防守同样要遵循一些既定原则，也给球员自由空间去发挥创造力和想象力。你认为练习球线防守能够帮助你提高防守水平吗？（1代表完全没帮助，5代表有非常大的帮助）	3 3%	1 1%	6 7%	16 18%	61 70%
7. 请评估学校的整个训练比赛体系（球场训练、比赛、力量训练、专项投篮训练和自由练习）（1代表非常差，5指非常好）	0 0%	1 1%	8 9%	18 21%	60 69%

	我们学校	传统方式
8.我们学校的训练方式和国内传统的篮球训练方式有很大不同，我们强调整体练习，而传统方式更强调技术训练和长时间的跑跳训练，你更喜欢哪种训练方式？请用圆圈圈出来。 　我们学校的训练方式　　国内传统的方式	66 76%	21 24%

	是	否
9. 你是否享受在这所学校里的训练经历？请用圆圈圈出来 　　　是　　　　　否	85 98%	2 2%